Avis non autorisés…

Du même auteur

L'Amour fou, Albin Michel, 2012 ; J'ai lu, 2014.

Le Désespoir des singes et autres bagatelles, Robert Laffont, 2008 ;
J'ai lu, 2009.

Les Rythmes du zodiaque, Le Cherche Midi, 2003 ; Pocket,
2004 ; Éditions de la Seine, 2006.

Entre les lignes, entre les signes, avec Anne-Marie Simond, RMC
Éditions, 1986 ; J'ai lu, 2009.

Le Grand Livre de la Vierge, avec Béatrice Guénin, Tchou, nouvelle édition, 2006.

Françoise Hardy

Avis non autorisés…

ÉQUATEURS

I

Vieillissement, euthanasie, surpopulation et religion

En quête de vieux documents, je suis tombée sur des photos prises il y a une trentaine d'années à l'occasion d'un anniversaire où la famille de mon mari et la mienne – se bornant à ma mère – étaient réunies. Parents et beaux-parents, âgés alors de soixante à soixante-dix ans, esquissaient le même sourire vague et sans joie, tête baissée et regard éteint. C'était si frappant que je ne pouvais pas ne pas le remarquer à l'époque, mais j'étais jeune encore et les questions dérangeantes qui m'étaient venues à l'esprit avaient vite été occultées par d'autres préoccupations.

Maintenant que j'ai atteint cet âge dit respectable, vénérable ou avancé, je découvre à mon tour l'épreuve du vieillissement. C'est une telle dévastation à tous les niveaux que si la conscience en existait quand cet ultime passage obligé semble encore loin, personne ne souhaiterait mourir le plus tard possible. Et pourtant, dans leur grande majorité, les personnes âgées ont rarement envie de mourir, à moins d'être diminuées ou malades à un degré insupportable. Elles arrivent même à entretenir l'espoir utopique de mieux se porter et à oublier en partie l'imminence effrayante de la fin du tragique sursis de leur brève existence terrestre.

Vieillir, c'est subir la déchéance d'un corps qui, en même temps qu'il fonctionne de moins en moins bien, s'abîme, se déforme, se dénature de plus en plus... Non seulement on ne le reconnaît plus, non seulement ses dysfonctionnements rendent le quotidien difficile, mais la honte, parfois même le dégoût qu'il vous inspire provoquent une réticence presque insurmontable à consulter dentistes et médecins – le gynécologue et le dentiste en premier lieu – quand il le faudrait pourtant.

Ces changements éprouvants contribuent à réduire la vie relationnelle. L'augmentation du nombre des années va de pair avec la raréfaction progressive des coups de fil et des mails. La retraite, qui implique l'absence d'activités et de perspectives excitantes à communiquer, y est pour beaucoup, ainsi que le décès ou l'exil géographique de nombreux collègues ou amis. Ceux qui restent s'intéressent moins à vous, de même que l'on s'intéresse moins à eux : on se connaît trop et l'affection ne suffit pas toujours à surmonter l'agacement provoqué d'un côté comme de l'autre par une inévitable prévisibilité... Sans parler du miroir attristant de la déchéance accélérée que l'on se tend les uns aux autres...

Comment la sociabilité ne serait-elle pas en chute libre dès lors que la dégradation du corps et une fatigabilité grandissante, quand ce n'est pas la progression d'une pathologie, ralentissent, handicapent, infériorisent, incitant à appréhender toute sortie au point de préférer rester confiné chez soi ? Quand on est jeune, on n'imagine pas les difficultés motrices du troisième âge susceptibles de rendre cauchemardesques les montées et descentes d'escalier, ni les désordres digestifs : quand ils ne vous isolent pas totalement, ils impliquent des régimes draconiens, pénibles à respecter et impossibles à imposer à des hôtes éventuels.

Les facultés mentales ne sont pas en reste. Force est de constater que leur altération progressive favorise aussi l'isolement : la mémoire du passé récent flanche, on se rappelle difficilement les noms ou les détails importants de faits divers ou d'histoires que l'on aimerait rapporter pour éveiller si peu que ce soit l'intérêt d'un entourage qui ne vous prête plus guère attention. Tout cela amène à appauvrir la conversation et à radoter malgré soi. La baisse de l'audition n'arrange rien, et les vieilles personnes n'ignorent pas que les restrictions de plus en plus grandes imposées par leur condition les rendent pesantes pour autrui.

Même les enfants, qui ont atteint l'âge où leur vie privée et professionnelle bat son plein, manquent de temps pour voir leurs vieux parents ou leur téléphoner, lesquels préfèrent au fond qu'il en soit ainsi. Dans l'intérêt des enfants d'abord ! Car les parents âgés ont une conscience relative d'être devenus une agaçante caricature d'eux-mêmes ; leurs réflexes conditionnés se sont rigidifiés et les empêchent de traiter leurs rejetons chéris comme les adultes mûrs qu'ils sont désormais, alors que ceux-ci ne supportent plus que l'on s'adresse à eux comme à des gamins ni que l'on persiste à trembler en permanence à leur sujet, comme s'ils étaient irresponsables ou inconscients, entre autres quand ils prennent la route un soir de festivités trop arrosées ou ont des tâches plus importantes et difficiles que d'habitude à assumer.

* * *

À la suite de la naissance de notre fils, il y a des décennies de cela, mon mari avait tenu à ce que ses parents passent leurs vacances d'été avec nous. Je ne le réalisais pas à l'époque, mais cela devait autant leur faire plaisir que les angoisser. Quoi de plus difficile, je le découvre à mes dépens aujourd'hui, surtout quand on est malade – ma belle-mère souffrait d'emphysème –, que de se trouver loin de chez soi et de ses médecins, à la merci du moindre malaise, dans une maison isolée, chez une belle-fille si débordée par les tâches domestiques que l'on ne voudrait pour rien au monde l'accabler davantage, mais qui n'a aucune idée de l'inconfort d'une dépendance totale vis-à-vis de ses services, horaires, menus, humeurs ?

Une fois son fils parti vivre sa vie, sa mère décédée et son père seul, mon mari faisait parfois durer l'apéritif jusqu'à 16 heures. Je revois son vieux père assis sur la terrasse et se tournant inlassablement les pouces en attendant sans mot dire que son fils, qu'il voyait peu à Paris et avec lequel il tenait *mordicus* à déjeuner, daigne enfin passer à table. Les grands enfants savent bien que leur père et leur mère ne sont pas éternels, mais cela reste abstrait et à l'arrière-plan des soucis de leur âge, tandis que chez les vieux parents, l'épée de Damoclès de devoir se séparer d'eux définitivement étant beaucoup plus concrète et omniprésente, les voir est devenu leur priorité absolue !

Je me souviens surtout des quelques sorties au restaurant quand ma belle-mère vivait encore. Comme plusieurs copains de mon mari partageaient nos vacances, les réservations étaient faites pour une dizaine de personnes, et l'on reléguait mes beaux-parents en bout de table, ne leur laissant pas la moindre chance de participer à la conversation. Il y avait beaucoup d'amour entre mon mari et eux pourtant, mais depuis sa naissance, ces derniers l'avaient tellement traité en enfant roi auquel ils passaient tout qu'il ne se rendait pas compte de ce qu'il leur infligeait en les mettant ainsi à l'écart.

Redoutant à mon tour de vivre de telles situations d'exclusion où la peur de peser, incommoder, ennuyer, empêche d'être naturel et enjoué, je préfère, de loin, rester tranquille et relativement à l'aise dans mon petit bunker. Entre deux maux, c'est clairement le moindre.

* * *

Fort heureusement, les vieillards au regard pétillant existent, et j'en ai rencontré ; mais, n'en déplaise aux médias qui voudraient nous convaincre que les seniors sont plus heureux que le reste de la population, et quand bien même le troisième âge peut réserver de petits, parfois même de grands bonheurs, la félicité n'est pas leur lot, tant s'en faut. Essayiste, historien, romancier et journaliste, Emmanuel Berl, qui avait côtoyé les plus grands esprits de son temps, dont il faisait partie, aura été jusqu'à la fin un homme plein de vie, de curiosité, d'humour, bien qu'étant depuis fort longtemps alité dans sa chambre, dont les fenêtres donnaient sur les jardins du Palais-Royal et où se succédaient les visites. Aussi pétillante que lui, sa femme, Mireille, faisait semblant d'être jalouse chaque fois qu'une belle intellectuelle venait profiter tout un après-midi de la conversation de son époux.

Actuellement, il ne se passe pas de semaine sans que l'on nous culpabilise avec le diktat, moins envahissant dans les années soixante, de la nécessité de bouger le plus possible, voire de marcher trente minutes par jour, condition *sine qua non* pour améliorer sa santé et prolonger son existence. Voilà une recommandation qui fait une belle jambe – c'est le cas de le dire – à ceux qui, en raison de handicaps liés à l'âge ou à la maladie, ne peuvent se le permettre ! Toutes proportions gardées, cela me rappelle une relation amicale qui souffrait d'un cancer généralisé et avait tenté d'abréger ses souffrances en avalant les comprimés à base de morphine dont elle disposait. L'hôpital mit tout en œuvre pour la ranimer et le personnel médical n'eut rien de mieux à lui dire quand elle émergea de là où on aurait dû la laisser que : « Il faut vous battre ! » Elle mourrait un mois plus tard.

Sa faiblesse empêchait Emmanuel Berl de se dépenser dans une activité physique. Il a d'ailleurs prouvé que l'on pouvait vivre très vieux en s'en passant, puisqu'il est parti à l'âge de quatre-vingt-quatre ans, en bénéficiant de l'euthanasie qu'il appelait de ses vœux et dont tant de gens rêveraient. Il est vrai que sa génération avait infiniment moins souffert de la pollution que les générations ultérieures, et on ne lui avait pas non plus seriné à longueur de temps de manger cinq fruits et légumes par jour. À son époque, l'agriculture intensive n'existait pas, on n'abusait donc pas encore des pesticides et la consommation des fruits et légumes ne provoquait pas l'intrusion dans le corps de nombreux résidus toxiques. L'espérance de vie a beaucoup progressé dans les sociétés des pays dits riches, le nombre de cancers aussi !

* * *

Nous apprîmes le décès d'un ami de mon mari en pleines vacances d'été. Il ne buvait pas une goutte d'alcool et j'avais remarqué le regard narquois qu'il lui arrivait de jeter à son insu sur mon mari – grand buveur devant l'Éternel – lors des dîners où la frugalité de l'un contrastait singulièrement avec les excès de l'autre. À tort ou à raison, il me semblait que ce regard exprimait une sorte de commisération alimentée par l'assurance qu'il survivrait de nombreuses années à son peu raisonnable ami, grâce à un mode de vie exemplaire où, non content d'être d'une totale sobriété, il faisait beaucoup de sport. Il mourut brusquement d'un infarctus pendant son jogging en Normandie sous une température idéale. Autre détail du même ordre, cet ami participait chaque année au Paris-Dakar à moto, ce qui, malgré le casque, les lunettes et les crèmes solaires haute protection, lui avait valu un cancer de la peau dû à l'exposition excessive au soleil.

Tel souvenir en appelant un autre, je me remémore une promenade en groupe dans une marine corse. Affaiblie par l'emphysème, ma belle-mère faisait peine à voir tant elle avait de mal à marcher et à reprendre son souffle, au point que l'ami qui cheminait derrière elle avec moi s'enquit discrètement de son âge. En apprenant qu'elle était un peu plus jeune que lui, dont l'allure fringante lui donnait à peine une soixantaine d'années alors qu'il en comptait soixante-dix, il se rengorgea avec une expression malicieuse d'autocontentement : de toute évidence, ma belle-mère se trouvait aux portes de la mort alors qu'il en était encore loin. Peu de temps après, son cœur le lâcha en plein feu de l'action avec une jeune femme qui devait avoir quatre décennies de moins que lui ! Ma belle-mère lui survécut plusieurs années.

À force d'entendre mon mari assurer qu'il ne ferait pas de vieux os et que je serais une très jolie veuve, je m'étais habituée à cette idée, mais les événements finirent par lui donner tort en opposant toujours davantage sa pêche insolente à ma faiblesse croissante.

J'avais eu beau observer que mes gènes ne valaient pas grand-chose comparés aux siens, ce fut un choc, je le confesse, quand je me rendis compte qu'il m'avait sans doute bercée de faux espoirs et qu'il me survivrait. Cela faisait quelques années d'ailleurs que je conseillais à ce curieux époux de se dépêcher, car plus le temps passerait, moins je serais la jolie veuve de ses fantasmes. Lors de son soixantième anniversaire, je lui fis remarquer que, s'il quittait ce monde, les carottes étaient cuites. Son destin n'évoquerait jamais, ni de près ni de loin, celui de James Dean, et nous finirions l'un comme l'autre encore plus ridés comme de vieilles pommes que nous ne l'étions déjà. Tout bien pesé, il vaut d'ailleurs mieux que celui que j'appelle désormais mon veuf imminent le devienne en effet, et non l'inverse, car l'épreuve de sa disparition serait tellement au-dessus de mes forces sur plusieurs plans qu'elle me précipiterait dans la tombe en même temps qu'on l'y mettrait lui-même ! Cela dit, chaque fois qu'une alerte relance les inquiétudes actuelles de mon vieux mari sur son état de santé et que, tel le phénix, il renaît de ses cendres, j'ai droit à ce délicat commentaire : « Désolé, ce n'est pas pour cette fois. » Depuis longtemps, nous aimons plaisanter sur l'envie secrète qu'aurait chacun d'enterrer l'autre.

« Un corps faible est une calamité, lit-on dans *Les Dialogues avec l'Ange*[1], un corps fort aussi quand il a le dessus. » Bien sûr, ce qui vaut pour les uns ne vaut

---

1. Gitta Mallasz, *Dialogues avec l'Ange*, Éditions Aubier.

pas pour les autres et, par définition, les exceptions ne sont pas la règle : sans doute vaut-il mieux mourir rapidement et en pleine forme qu'à petit feu à cause de la maladie. Malgré tout, l'ironie du sort nous prend souvent de court en nous rappelant que les apparences sont trompeuses et qu'il vaut mieux se garder des belles certitudes qu'on en tire pour se conforter dans ce qui nous arrange.

Les ministres et médecins concernés nous répètent à l'envi qu'en France la loi Leonetti résout tous les problèmes de fin de vie. Ils ne veulent pas comprendre qu'il arrive un stade où quelqu'un devient encore plus pesant pour lui-même que pour ses proches et n'a aucune envie de soins palliatifs[1], mais aspire juste à cesser de vivre. C'est ce qui s'est passé pour ma mère, qui ne voulait à aucun prix aller au bout de la terrible maladie de Charcot et qui, dans sa tragédie, a eu la chance que son médecin traitant lui envoie une équipe hospitalière compréhensive qui l'a aidée à partir dans les meilleures conditions possibles. Farouche partisane dès mes jeunes années du droit à mourir, je suis scandalisée par la rigidité des médecins qui ne veulent pas en entendre parler et condamnent leurs confrères qui osent penser autrement. Actuellement, chaque fois que mon état de santé s'aggrave d'une façon quasi insupportable, je souhaiterais ardemment ne pas me réveiller, tout au moins que cela soit pos-

---

1. La morphine qui allège les souffrances peut être mal supportée et ses effets paralysants sur le système digestif sont problématiques.

sible quand cet état empirera de façon encore plus handicapante et durable.

Sur le tard, la vue d'Emmanuel Berl se détériorait et la cécité le menaçait à court terme, alors que sa vie se focalisait exclusivement sur la lecture et l'écriture. Une équipe hospitalière dont on ne peut que saluer l'humanité accéda à sa demande de partir en douceur, malgré les quelques années qu'il avait manifestement encore devant lui. Mais une existence grabataire privée de ce qui en faisait le sel, il n'en voulait tout simplement pas. C'est précisément ce sel-là qui l'avait animé et maintenu en vie si longtemps.

* * *

On ne s'appesantit pas assez sur la responsabilité du christianisme dans l'arriération, la rigidité et l'inhumanité – en partie inconscientes tellement la religion dominante nous conditionne à notre insu – de la bien-pensance occidentale qui, malgré l'évolution des mœurs, continue d'imposer la morale simpliste et le politiquement correct primaire qui en sont le fruit.

La vision du monde telle qu'elle continue d'être transmise par l'Église catholique est indissociable de l'histoire légendaire d'un homme, Jésus, parfois pris à tort pour Dieu ou pour son fils au sens propre, dont le supplice du calvaire a précédé celui de sa crucifixion, le tout subi pour des raisons altruistes puisqu'il s'agissait, ni plus ni moins, de sauver le genre humain. De nos jours, comme Jeanne d'Arc, Thérèse d'Avila ou d'autres illuminés de ce genre, Jésus serait taxé de fou et interné. Il aurait d'ailleurs beaucoup plus de mal à marcher sur l'eau, multiplier les pains, transformer l'eau en vin et ressusciter d'entre les morts ! Toujours est-il que le christianisme se fonde sur le sacrifice et la souffrance, qui doivent non seulement ne pas entamer, mais renforcer la foi, l'espérance et la charité, ce qui est beaucoup demander.

Réalise-t-on la culpabilisation, mais aussi l'impuissance à vivre qu'implique l'idée bornée et têtue que se sacrifier d'une façon ou d'une autre et boire le calice jusqu'à la lie, quitte à s'en imposer soi-même de plus éprouvants que ceux inhérents à l'existence, seraient le moyen le plus sûr d'obtenir le salut ? Le mystique masochiste ne manque pas de tentations réjouissantes : il peut se flageller, dormir par terre dans le froid ou sur des clous comme les fakirs, jeûner, faire le pèlerinage de Compostelle sur les genoux, autrement dit torturer de façon aussi absurde qu'inutile un corps qui n'a pas été fait pour ça. Et que dire de la béatitude extatique supposée des missionnaires en train de bouillir dans la marmite aromatisée aux herbes locales des prétendus « sauvages » qu'ils voulaient évangéliser et qu'ils s'apprêtent à nourrir physiquement, faute d'avoir pu le faire spirituellement ?

J'apprécie beaucoup l'anecdote suivante qui illustre la sagesse bouddhiste, laquelle contraste singulièrement avec la folie religieuse. Un disciple qui avait consacré sa vie à tenter de marcher sur l'eau ne fut pas peu fier de montrer à son maître la réussite spectaculaire de ses efforts. « Moi, mon fils, lui fit laconiquement remarquer celui-ci, quand j'ai besoin de traverser le fleuve, il me suffit de prendre une barque avec des rames. »

* * *

La religion catholique, on le sait, a toujours été dans le rejet du corps en général, du plaisir physique et de la sexualité en particulier, au point de faire une vierge de la mère de Jésus. Cette aberration serait encore plus risible si elle n'avait pas été aussi lourde de conséquences négatives sur les mœurs occidentales : encore aujourd'hui, les catholiques intégristes considèrent que la fonction exclusive du mariage reste la procréation. Cela aide un peu à comprendre leur hostilité au mariage homosexuel, alors que nous sommes au XXIe siècle !

Rappelons-nous que Dieu crée Ève à partir d'une côte d'Adam pour lui tenir compagnie. C'est Ève, et non Adam, qui se laisse séduire par le serpent et commet la faute originelle de croquer le fruit défendu puis de tenter Adam, ce qui les chasse tous deux du paradis terrestre. Le rôle de la femme est ainsi fixé une fois pour toutes : elle est faite pour accompagner, seconder l'homme, mais s'avère aussi une dangereuse tentatrice potentielle dont il doit se méfier. Pour la punir de sa transgression, Dieu décrète : «Tes désirs se porteront vers ton mari, mais il dominera sur toi », ce qui sonne comme une malédiction. Dans la foulée, Il la condamne à enfanter dans la douleur, tandis qu'Il astreint le premier homme à travailler durement pour vivre et entretenir sa famille. Les choses ont-elles tellement évolué depuis les temps immémoriaux où ce texte prétendument inspiré par Dieu mais rédigé par des hommes a établi leur domination ? Même si la condition féminine a considérablement évolué depuis le XXᵉ siècle, grâce aux féministes et à des cas historiques isolés de femmes célèbres, déterminées et faisant fi des conventions, comme George Sand, Colette, Misia Sert et bien d'autres, trop de femmes dans les pays chrétiens restent encore peu ou prou prisonnières des diktats du modèle biblique.

Pendant des siècles, la femme a donc été reléguée au rôle de servante de l'homme et de mère de ses enfants. Dès qu'elle tentait d'échapper à ce modèle aliénant, elle était discréditée, avec toutes les conséquences effroyables qui en découlaient sur le plan socio-économique. Par exemple, jusqu'à la fin du XIXᵉ et durant la première moitié du XXᵉ siècle, aux États-Unis, berceau du puritanisme, non seulement l'adultère et la grossesse hors mariage, mais aussi le divorce faisaient encore de la femme concernée un objet de scandale, qui n'avait plus ses entrées nulle part. Le puritanisme américain contribue encore aujourd'hui à l'arriération des esprits – entre autres avec ses manifestations contre l'IVG –, et l'on a tenté de revenir en Espagne sur le droit à l'avortement.

Parmi les mœurs qui ont assujetti la femme pendant des siècles et semblent incroyables de nos jours, dans la plupart des pays, quand héritage il y avait, les droits de succession étaient réservés à la descendance masculine. Tout contribuait à empêcher l'indépendance des femmes, leur seul recours pour s'assurer le vivre et le couvert étant le mariage, une institution qui pendant plus de deux mille ans a d'abord reposé de part et d'autre sur des considérations d'ordre financier et social. Faute de quoi, elles devaient se rabattre sur des emplois d'intendante, gouvernante, lectrice, institutrice, dame de compagnie, etc. Les emplois étaient forcément encore plus subalternes et les conditions de vie bien pires dans les classes populaires, où les filles mères étaient le plus souvent chassées de leur famille et acculées à accoucher dans les pires conditions, souvent même à abandonner leur enfant quand elles survivaient par miracle à sa naissance, ou, en désespoir de cause, à s'adonner à la prostitution.

* * *

Ayant vu la sœur de ma mère enchaîner les grossesses sans avoir le minimum indispensable requis pour loger, nourrir, en un mot élever sa nombreuse progéniture, j'ai tendance à penser que la surpopulation est un fléau sous-estimé. La frénésie de reproduction exponentielle d'une partie de l'humanité semble en effet favoriser la misère autant qu'en être la conséquence...

Malgré l'assertion chimérique des idéologues selon laquelle notre planète est à même d'alimenter

encore plus de monde que les sept milliards d'individus qui la peuplent déjà, le développement de l'agriculture intensive, qui concerne toutes les populations
quel que soit leur niveau de vie, n'est-il pas lié à la
nécessité de nourrir un maximum de gens au moindre
coût ? Plus généralement, il ne semble pas exagéré
d'affirmer que c'est la surpopulation qui a rendu inévitable le développement effréné des activités de toute
nature, catastrophiques pour l'environnement et, à
moyen terme, pour la vie elle-même.

Il paraît hélas impossible de sortir de ce cercle
vicieux : plus on est pauvre, plus on fait d'enfants
et, plus on fait d'enfants, plus on est pauvre. On sait
bien que dans les pays émergents, beaucoup d'enfants
meurent prématurément et que les survivants sont
indispensables pour aider puis entretenir des parents
démunis et usés. En quête perpétuelle de fonds, les
associations humanitaires, dont on ne peut contester
ni l'utilité ni les mérites, cherchent sans relâche à api-
toyer – à culpabiliser aussi – en signalant le nombre
d'enfants qui meurent de faim dans le monde chaque
jour, voire chaque minute. Ceci étant indissociable de
cela, que n'évoquent-elles en même temps le nombre
encore plus grand de naissances ?

Une maman ne peut se diviser en quinze, encore
moins si elle est épuisée par ses tâches ménagères et
par des grossesses successives non désirées. Avec un
seul enfant, je ne suis pas parvenue à concilier harmo-
nieusement ma vie conjugale et ma vie professionnelle
avec ma vie de maman, pour laquelle je manquais trop

souvent de temps et d'énergie. Les enfants souffrent du manque de disponibilité de leur mère, sans parler de l'épreuve qu'est pour eux l'impossibilité d'être convenablement nourris, logés, soignés... La misère ou les guerres qui ravagent de nombreux pays provoquent une immigration massive vers les pays moins défavorisés, qui n'ont ni le pouvoir ni les moyens de la gérer. Mesure-t-on assez que l'insalubrité des logements, le manque d'hygiène auxquels sont réduits les plus démunis – chez eux ou dans leur pays d'accueil –, à quoi il faut ajouter le manque d'eau qui progresse un peu partout, déboucheront tôt ou tard sur des épidémies à grande échelle qui affecteront le monde entier ? En France, par exemple, la tuberculose, qui avait disparu, est revenue en force depuis quelques années pour les raisons évoquées – les pays de l'Est ayant joué un rôle majeur dans cette réapparition. Il a été fait état de cas de peste dans le Sahel, sans que l'information soit reprise, le mot d'ordre étant sans doute de rester discret sur toute information susceptible d'affoler les gens. Au moment de la rédaction de ces lignes, le virus Ebola, qui a tué en peu de temps plusieurs milliers de personnes en Afrique noire, inquiète le monde entier, car il suffit qu'une seule personne originaire d'Afrique de l'Ouest, où le virus sévit, et contaminée à son insu, débarque ici ou là en Europe ou aux États-Unis pour propager l'épidémie. Refuser que l'État français offre aux clandestins gravement malades et sans un sou l'accès gratuit aux soins hospitaliers est non seulement inhumain – on ne peut laisser crever quelqu'un sous prétexte qu'il n'a pas de quoi payer –, mais inconséquent.

* * *

La responsabilité de la surpopulation incombe en grande partie à l'obscurantisme religieux (catholique, islamiste ou autre) qui conditionne trop de femmes. Il y a plusieurs décennies, des Occidentales courageuses entreprirent d'initier à la contraception les femmes, en majorité catholiques, d'Amérique du Sud pour qu'elles fassent moins d'enfants et puissent ainsi mieux s'en occuper, afin qu'ils aient de meilleures chances de réussir leur vie. Leurs efforts furent réduits à néant par une énième condamnation officielle de la contraception par le pape.

Récemment, une relation colombienne travaillant à Paris est arrivée chez moi en larmes parce qu'elle venait d'apprendre que sa nièce de quatorze ans, qui vit en Colombie, était tombée enceinte d'un garçon à peine plus âgé qu'elle. Stupidement, je lui fis valoir que la mère se devait d'aider sa fille à recourir à l'IVG. Elle me rappela alors que l'avortement n'est pas légal dans son pays, où la transgression de la loi est trop durement sanctionnée pour qu'on en prenne le risque.

Il y a malgré tout dans les pays du Tiers Monde, où le fléau de la surnatalité est le plus courant, des femmes qui ont pu aller à l'école, parfois même à l'université, et qui se consacrent à l'éducation de leurs compatriotes. Comme tout changement en profondeur, celui-ci, en partie tributaire, on le sait aussi, d'une élévation suffisante du niveau de vie, prendra beaucoup de temps, mais si l'évolution des mœurs peut être ralentie, elle ne peut être arrêtée et finira par venir à bout de ce problème. Exactement comme ce qui se passe, à un rythme plus rapide, dans les sociétés occidentales pour les familles d'immigrés, trop nombreuses à la première génération, et qui le deviennent de moins en moins au fur et à mesure qu'elles s'imprègnent du mode de vie qui caractérise leur pays d'accueil et bénéficient tant bien que mal de ses écoles et de ses prestations sociales.

* * *

Ma scolarité dans un établissement religieux de filles au temps où la mixité n'existait pas me valut vite le réflexe, plus ou moins exagéré, de me braquer contre les beaux discours convenus, les belles phrases creuses, les sermons formatés et les préjugés dépassés des bonnes sœurs ou des curés, qui ont fini par me détacher de la sacro-sainte religion catholique. Gardons-nous d'en faire une généralité à propos des écoles confessionnelles, mais, trop enfermées dans une morale primaire et rigide, les religieuses auxquelles j'ai eu affaire me semblaient dépourvues des qualités requises pour contribuer à l'ouverture d'esprit de leurs élèves.

La méfiance et l'ennui que m'inspirent les papes ne datent pas d'hier et ne s'arrangent guère. Depuis son élection, j'ai du mal à comprendre pourquoi le pape François a été si vite porté aux nues, alors qu'à l'instar de ses prédécesseurs il se contentait de débiter les clichés les plus éculés et les plus manichéens sur les inégalités et la nécessité du partage, en gros sur les riches – fatalement coupables et redevables – et sur les pauvres – qui auraient toutes les excuses, tous les droits, etc. Il est vrai qu'avant d'être appelé à ces hautes fonctions, ce prélat œuvrait sans relâche pour aider efficacement de nombreux pauvres de son pays natal, l'Argentine. Mais il aura eu beau appliquer la parole universelle de Jésus avec zèle, il ne peut et ne pourra pas échapper à la toute-puissance de ses conditionnements religieux.

Quand il lave les pieds d'un miséreux, il accomplit un geste dont il est coutumier mais qui n'est que symbolique et qui ne change guère la condition du malheureux ainsi honoré plus ou moins malgré lui, ni de qui que ce soit d'autre. C'est une évidence, y compris pour le Saint-Père, dont l'univers est essentiellement symbolique, que le symbole peut marquer les esprits au point d'occulter la réalité. Même chose concernant la réduction de son train de vie, ou encore sa tentative dérisoire pour partir verbalement en guerre contre la Mafia – qui n'est pas sans évoquer la touchante et naïve initiative de Najat Vallaud-Belkacem[1] pour s'attaquer à la prosti-

1. Ministre des Droits des femmes des deux premiers gouvernements de François Hollande.

tution. Il se peut que leur excommunication officielle affecte quelques mafiosi, ce qui serait d'autant plus paradoxal que leur appartenance à la Mafia et leurs crimes les ont d'ores et déjà définitivement excommuniés dans les faits !

L'exemplarité du pape François et de son parcours enthousiasme à juste titre ses fidèles, mais les réformes qu'il est censé faire et dont on nous rebat les oreilles sans qu'on en perçoive le moindre début de concrétisation, ce n'est pas ça, quand bien même quelqu'un d'aussi irréprochable que lui serait le seul à pouvoir les imposer.

Le pape François innoverait de façon constructive si, à défaut du droit à l'avortement, il admettait la contraception, et s'il reconnaissait l'euthanasie comme un droit. Dans un autre ordre d'idées, le mariage des prêtres et l'accession des femmes à la prêtrise seraient une véritable révolution, mais, bien qu'à la surprise générale le Saint-Père soit allé jusqu'à faire remarquer que le célibat des prêtres n'était pas un dogme, elle ne devrait pas arriver de sitôt et est moins essentielle. Il a également évoqué la possibilité pour les divorcés remariés d'avoir à nouveau accès aux sacrements, et tenu un discours tolérant à propos des couples homosexuels. Ce sont aussi des propos révolutionnaires, mais qui n'ont pas été suivis d'effets, même si les intéressés gardent espoir que cela soit le cas d'ici la fin du pontificat.

Pour ma part, j'aimerais que cet homme plein de bonne volonté mette en question les dogmes catholiques les plus abêtissants, bien que qu'il semble impossible de s'attaquer à un tel bastion. De toute façon, la pensée ne l'effleurera pas d'expliquer que l'Immaculée Conception ou la Résurrection – celle de Jésus et celle des corps – sont des images symboliques, non actualisées et non actualisables, pour déniaiser ainsi les trop nombreux fidèles qui y croient dur comme fer au sens propre, y compris les plus intelligents d'entre eux, les uns comme les autres étant incapables d'activer leurs cellules grises à la moindre mise en cause des images d'Épinal du catéchisme de leur enfance.

L'*Ave Maria* utilise-t-il les mêmes formulations erronées en italien, en espagnol ou dans d'autres langues qu'en français ? Même si c'est le cas, le pape ne pensera pas non plus à recommander de ne plus désigner la mère de Jésus par l'expression impropre de « mère de Dieu ». Par définition, Dieu, au sens où on entend ce concept, ne peut avoir ni père ni mère – ni fils. Jésus n'est ni plus ni moins le fils de Dieu que chaque être humain, puisque là encore il ne s'agit que d'un symbole, évidemment sans rapport possible avec le vécu. Il paraît d'ailleurs qu'en araméen, langue d'après laquelle auraient été faites certaines traductions de la Bible, le même mot désigne serviteur et fils de Dieu. Le choix entre ces deux interprétations a-t-il été le bon ? Il y a lieu d'en douter.

* * *

Peu connue du grand public, Éva de Vitray-Meyerovitch[1] (1909-1999) fut élevée dans la plus pure tradition catholique. Un ami musulman, ancien élève d'Einstein et recteur de l'université d'Islamabad, avec lequel elle avait étudié le sanscrit lui offrit un jour la traduction anglaise d'un livre d'Iqbal, *Reconstruire la pensée religieuse de l'islam*. Ce fut une révélation qui aboutit à la conversion, mûrement réfléchie et préparée, de cette femme de haut niveau à la religion musulmane, qu'elle pratiqua le reste de sa vie. Elle devint docteur en islamologie, donna des cours et des conférences dans de nombreux pays musulmans et contribua à faire connaître en Occident ce qu'elle estimait être le véritable islam. Nous ignorons tout finalement de cette religion, puisque, malgré les musulmans modérés que nous côtoyons sans y prendre garde, nous n'en connaissons et retenons que ce qu'en ont fait les obscurantistes sanguinaires. Or, selon Éva de Vitray, l'islam rejette l'intégrisme et n'a aucune Église, aucune hiérarchie ecclésiastique par conséquent, qui imposerait des dogmes plus ou moins absurdes ou excommunierait tout fidèle sortant du cadre étroit et parfois arbitraire fixé par elle. Surtout, ô stupéfaction, il accorderait les mêmes droits aux femmes qu'aux hommes et n'aurait jamais préconisé la polygamie, sauf en cas d'épouse grabataire ou aliénée.

L'islam tel qu'il se manifeste à nous aujourd'hui

---

1. À lire : Éva de Vitray-Meyerovitch, *Islam, l'autre visage*, Critérion, 1991.

reste fixé au Moyen Âge ou aux siècles antérieurs et produit, entre autres, des extrémistes qu'il incite à mener la guerre sainte du jihad en semant la terreur. Les spécialistes assurent pourtant que les barbaries des fondamentalistes ne relèveraient pas du Coran, mais de la *charia*, un code civil primaire édicté par les hommes de pouvoir islamistes du IXe siècle pour asseoir la suprématie de la classe masculine dominante, et qui continue d'être soutenu dans le même but par les dirigeants actuels des pays où il sévit. Ce sont les règles antiques et arriérées de la *charia* qui maintiennent les femmes dans la sujétion, permettent de lapider ou pendre celles qui ont fauté, et entretiennent chez les autres l'illusion qu'elles respecteraient en toute liberté et connaissance de cause les principes sacrés d'une religion qui les brime.

Au XXIe siècle, l'Église catholique qui a fait une vierge de la mère de Jésus continue de nier le corps féminin et sa sexualité, dans la mesure où son refus de la contraception cantonne la femme dans sa fonction maternelle. Côté islam, le port du voile, qui signe par essence la chasteté, nie pareillement la féminité en dissimulant les cheveux qui la symbolisent. Prescrit par certaines branches musulmanes, le *niqab* ou voile intégral va encore plus loin en niant le corps féminin dans sa totalité ! Aveuglées par leur conditionnement socioreligieux, trop de musulmanes respectent une tradition stupide et injustifiée qui les amène à afficher la négation d'elles-mêmes ! Il est vrai que chez certaines, en particulier les converties occidentales, le port du voile en pays chrétien est d'abord une façon de provoquer les « mécréants ».

Les nombreuses autres similitudes bien connues entre les deux religions monothéistes méritent d'être rappelées, quand on songe aux tortures, assassinats, massacres, etc., perpétrés tant au nom du dieu des chrétiens qu'en celui d'Allah. Car, si mal interprétés que leurs textes fondateurs aient pu être, ces religions ont autant l'une que l'autre contribué au simplisme manichéen, culpabilisant et meurtrier de la pensée dominante ainsi qu'au musellement des femmes.

L'Inquisition suppliciait à mort les dissidents comme les esprits éclairés dont les découvertes ne cadraient pas avec les principes de l'Église catholique. Officiellement, les « croisades » devaient convertir par la force, fût-elle barbare, des peuples dont les croyances n'étaient ni meilleures ni pires que celles des « croisés ». Mais si l'on excepte les fanatiques ou les idéologues invétérés, les instigateurs des guerres de religion catholiques ou musulmanes auront le plus souvent instrumentalisé la religion à des fins politiques et économiques.

La haine inextinguible qui dresse les fondamentalistes musulmans contre le monde occidental et la guerre sans merci qu'ils lui livrent ne sont-elles pas leur façon de renvoyer celui-ci aux violences non seulement des lointaines croisades, mais à celles, plus proches, de la colonisation puis du partage par les Occidentaux du Moyen-Orient en pays aux frontières aberrantes, source d'expropriations, de frustrations, de dissensions et de guerres civiles permanentes et sans issue ? Sans parler des immixtions permanentes, militaires ou économico-politiques, des États-Unis et des pays européens dans les affaires de cette partie en ébullition du monde qui a quelque raison de se sentir injustement assujettie à un Occident qu'elle exècre au point de vouloir le réduire à néant.

* * *

Faut-il rire ou pleurer de ce que les ambitions personnelles, le fanatisme idéologique et l'étroitesse d'esprit utilisent la religion pour commettre les pires infamies et faire du prosélytisme avec des convictions d'une incommensurable stupidité – ne serait-ce que celle de la suprématie d'une croyance sur les autres –, au nom d'une religion dont le message originel continue d'être dénaturé par les plus bornés, les plus rigides de ses représentants et de ses adeptes ?

Dans les années quatre-vingt-dix, un journaliste m'a fait découvrir les communications[1] d'un guide spirituel, Pastor, qui m'ont mille fois plus convaincue que tout ce que j'avais pu lire de plus ou moins obscur et archaïque dans le fourre-tout des textes bibliques et évangéliques. Je cite souvent la phrase qui m'a d'abord accrochée et à laquelle je pense souvent depuis : « Il est plus important de travailler sur le discernement

---

1. Inutile d'essayer de se documenter sur Internet, où tout ce que l'on trouve au sujet de Pastor ou d'Omnia Pastor est sans rapport avec les communications originelles.

que sur l'amour, car l'amour sans discernement n'est pas un amour vrai. »

Quel fossé entre la subtilité, la profondeur de cette recommandation et la superficialité grossière de l'injonction chrétienne dont on ne sait plus trop si elle fait partie des dix commandements ou en est une extension : « Tu aimeras ton prochain comme toi-même. » Ceux qui l'ont rédigée ignoraient manifestement que l'amour ne se commande pas. C'est parce que tant d'êtres humains ont été privés d'affection dans leur prime enfance que la plupart d'entre eux n'ont pas la capacité de s'aimer assez eux-mêmes d'où découle celle d'aimer les autres. Et même s'il n'est pas exclu que cela arrive, comment toutes les femmes pourraient-elles aimer authentiquement des enfants non désirés que leur obscurantisme religieux les a contraintes à garder ?

2

Expériences surréalistes de régimes
et de thérapies alternatives ou autres

Il y a quelques années, je fus l'invitée vedette d'un *talk-show* télévisé en direct. L'émission s'ouvrait sur une présentation de l'animateur pendant laquelle je devais descendre des marches hautes et glissantes avant de le rejoindre pour lui répondre. Préoccupée par la peur de trébucher et me trouvant encore à une relative distance du meneur de jeu, j'eus d'abord du mal à l'entendre. Mais dès qu'il devint audible, son propos me sembla si incompréhensible qu'après avoir craint une seconde l'altération subite de mes facultés mentales, je fus submergée par l'angoisse de mon incapacité à donner la moindre repartie susceptible d'enchaîner avec cette déconcertante logorrhée. C'est alors que je me rendis compte que le volume de mon abdomen venait de tripler. Pour la première fois, j'observai concrètement la relation de cause à effet entre stress et ballonnements.

Aussi loin que je me souvienne, les problèmes digestifs m'ont toujours gâché la vie, sans que je sois en mesure d'établir leur corrélation avec une anxiété et une émotivité congénitales excessives. Grâce à l'aisance financière et à la disponibilité relatives apportées par mon activité, j'ai cherché inlassablement à comprendre mes maux et à m'en débarrasser, que ce soit par la lecture d'une grande quantité de livres et d'articles sur le sujet, par l'application consciencieuse de régimes divers, ou par la consultation – toujours porteuse d'espoir, toujours déçue – de nombreux spécialistes pratiquant la médecine allopathique ou une thérapie alternative.

Dans les *sixties*, le premier conseil prodigué pour éviter certains inconforts était de renoncer au mélange prétendument explosif des protéines avec des féculents, et de ne s'autoriser l'ingestion de ces derniers qu'avec des légumes. Pour améliorer le transit, on recommandait les céréales complètes. Le riz complet a donc constitué pendant des décennies l'essentiel de mes déjeuners. En dehors de la fois où la présence d'un petit caillou dans lequel j'avais mordu avec énergie me vaudrait des frais exorbitants de dentiste, cela ne me coûtait guère, car, assaisonné avec un mélange d'huile de première pression à froid et de sauce à base de soja, le tamari, puis saupoudré de levure maltée, le riz complet s'avère un véritable délice. J'ai abusé aussi des crêpes aux pommes qui me rappelaient la savoureuse cuisine de la famille autrichienne chez laquelle, petite fille, je passais mes grandes vacances. En ce temps béni, ma « *Mehlspeise*[1] » préférée faisait à elle seule tout le repas. À mon tour, j'ai donc confectionné avec ravissement une pâte à crêpes – mais à base de farine complète – que je versais sur des pommes coupées en tranches et déjà dorées par l'huile chauffée dans une poêle en fonte. Résultat garanti pour les papilles, mais pas pour le reste !

Des années plus tard, j'appris qu'il ne fallait jamais consommer les céréales complètes avec des laitages, car l'enveloppe des grains de blé de la farine complète comme des grains de riz ou autres céréales non raffinées, autrement dit le son, contient de l'acide phytique, qui rend le calcium inassimilable. Le calcium ne serait d'ailleurs pas le seul sel minéral dont l'acide phytique empêcherait la fixation, puisque le zinc, le cuivre, le manganèse et le fer seraient également concernés. En résumé, les céréales complètes favoriseraient la déminéralisation. Cela a dû jouer chez une amie qui s'en est nourrie exclusivement pendant trop longtemps, pour finir par claudiquer avec deux cannes, après une opération des hanches insuffisante pour traiter sa décalcification généralisée.

Mais si l'on pousse plus loin l'enquête, on découvre que les scientifiques ne sont pas d'accord entre eux – le sont-ils jamais ? – sur les effets *a priori* dévastateurs de l'acide phytique. Toute recherche un peu poussée fait tôt ou tard tomber sur des informations qui, force documentations incompréhensibles à l'appui, vont à

---

1. Mets à base de farine.

contre-courant de celles qui circulent le plus. Malgré tout, entendre des diététiciens célèbres ou voir des publicités télévisées vanter pour la santé des enfants les mélanges de céréales complètes en flocons avec des laitages me perturbe toujours. Et combien de gens se donnent bonne conscience en mangeant du pain au son ou du pain complet avec leur fromage !

* * *

On trouve dans le milieu médical autant de fous que dans n'importe quel autre milieu. Dans les *seventies*, je participai à un déjeuner où étaient conviées des personnalités du *show-business*. Mon voisin de table, un éditeur de jazz et de musique de variétés, s'étonna de mon refus catégorique de certains plats. Quand j'évoquai à demi-mot ma fragilité digestive, il me communiqua les coordonnées d'un certain docteur X, capable, selon lui, de tels prodiges que ma vie en serait métamorphosée. Voyant miroiter l'espoir d'un mieux-être et incapable de renoncer à cette merveilleuse perspective, je pris rendez-vous.

Le cabinet se trouvait dans le quartier pittoresque de *La Closerie des Lilas*. Une assistante me demanda de répondre à un questionnaire en attendant la consultation. À de rares exceptions près, je répondis par la négative à toutes les questions posées. Cela n'ébranla guère le docteur X puisqu'il décréta d'emblée que j'avais des amibes, que, par voie de conséquence, mon mari et mon fils en avaient aussi et qu'il fallait les lui envoyer. Puis, fort de son diagnostic, il m'injecta le contenu d'une énorme et mystérieuse ampoule. Je réalisai vite qu'il suffisait de franchir le seuil du cabinet de cet hurluberlu pour qu'il soit d'ores et déjà convaincu qu'on avait des amibes. Je dus le revoir de mauvais gré pour d'autres injections. Est-il utile de préciser qu'aucune amélioration de mon état digestif ne s'ensuivit et que je me gardai de parler de quoi que ce soit à ma petite famille ?

À peu près à la même époque, on me vanta les talents hors pair d'un étiopathe que sa clientèle célèbre et à la mode me fit considérer avec ennui comme un mondain. La force de l'habitude aidant, je cédai pourtant à la tentation. La technique était nouvelle mais tellement douce qu'elle me donnait l'impression dérangeante qu'il ne se passait rien, ce que mon état inchangé sembla confirmer. Devant cet insuccès apparent, l'étiopathe me posa quelques questions qui m'amenèrent à évoquer la rétroversion de l'utérus dont le gynécologue m'avait informée. Il se saisit aussitôt de la perche ainsi tendue pour imputer mes troubles et l'absence de résultat de son travail à cette anomalie, aussi courante que bénigne. À partir de là, ses séances me mirent dans une situation cauchemardesque, qui me plonge encore dans la perplexité les rares fois où j'y pense. L'allure de play-boy de ce thérapeute devait plaire à une catégorie de femmes à laquelle je n'appartenais pas. Non seulement j'avais mille fois mieux dans ma vie en la personne de mon futur mari, mais j'étais allergique à son type de charme, de physique, et, plus globalement, à ce que sa personne dégageait. Et voilà qu'il introduisait sa main dans mon vagin et l'y laissait, totalement inerte, pendant une quinzaine de minutes qui me paraissaient des heures, tout en me regardant fixement ! De nos jours, des patientes portent plainte contre un thérapeute ou un médecin de la part duquel elles estiment avoir subi des abus sexuels. À l'époque, cela ne m'aurait pas effleuré l'esprit et, même dans le cas contraire, rien ne m'autorisait à être sûre et certaine d'intentions douteuses, mais je ressentis profondément un je-ne-sais-quoi de malsain qui m'embarrassa affreusement, au point qu'après deux ou trois séances de ce traitement aussi déplaisant qu'incongru, j'arrêtai les frais. Pas le moindre signe de l'amélioration promise, pas le moindre changement, ni en bien ni en mal, n'étaient de toute façon apparus ni n'apparaîtraient par la suite.

Depuis, j'ai eu plusieurs fois l'occasion de constater que les thérapies dites douces n'ont aucun effet sur moi. Le summum aura été une séance récente avec un ostéopathe qu'une amie m'avait chaudement recommandé pour une tendinite de l'épaule gauche dont cinq autres ostéopathes d'écoles différentes fondées, elles aussi, sur des manipulations douces, n'avaient pas réussi à me débarrasser. Le sixième en date plaça ses mains sous ma nuque et resta ainsi sans bouger le petit doigt – ni les autres doigts d'ailleurs. Longtemps auparavant, j'avais bénéficié de séances d'ostéopathie crânienne, mais en me rendant compte d'une exploration précise de diverses zones de la tête, manipulées d'une façon particulière – douce mais perceptible. Rien de comparable cette fois-ci. Au bout d'une demi-heure d'immobilité absolue des mains sous ma nuque, durant laquelle le silence était uniquement troublé par de légers bruits de déglutition salivaire et de respiration auxquels le contexte finissait par donner des proportions dérangeantes, l'impatience me gagna de plus en plus. Lorsque ce peu banal ostéopathe dont la petite taille et le grand nez évoquaient Pinocchio – sans la malice, hélas – daigna enfin bouger, ce fut pour se poster à l'autre extrémité de ma personne et m'effleurer les jambes, des genoux aux pieds et de haut en bas, pendant une vingtaine d'autres interminables minutes. Convaincue d'avoir perdu mon temps, je sortis excédée du cabinet médical. Et, en effet, la tendinite resta telle quelle ce jour-là et les jours suivants. S'avisant des semaines plus tard de mon handicap, mon médecin m'envoya un jeune ostéopathe qui n'hésita pas à exercer de fortes et douloureuses pressions sur le musque bloqué. Comme par enchantement, la tendinite disparut dès la première séance, qu'une deuxième consolida. Depuis lors, aucune récidive n'a eu lieu.

La plupart du temps, c'est parce qu'un ami ou une relation *a priori* fiables évoquent avec enthousiasme les incomparables bienfaits qu'ils doivent à tel ou tel thérapeute qu'on court le voir si on en a la possibilité. C'est ainsi que je fus reçue par une iridologue de renom. Après m'avoir examinée et avoir dressé un tableau exhaustif de tout ce qui n'allait pas chez moi, elle évoqua longuement le rôle joué dans mes ennuis par les *Candida albicans*, dont le parasitage aurait été la source de tous mes maux. Dont acte. Impressionnée par ce qui m'avait été révélé au seul vu de mes iris, j'en parlai autour de moi et éveillai la curiosité de deux amies, qui prirent rendez-vous à leur tour. Grâce à quoi je découvris que la lubie de cette iridologue consistait à voir des *Candida albicans* partout, puisque mes amies eurent droit au même diagnostic que moi.

* * *

Lors d'un dîner, un ami célèbre me demanda à brûle-pourpoint si je ne remarquais rien. Je n'avais pas la moindre idée de là où il voulait en venir, et il précisa sa question : n'avait-il pas meilleure mine que d'habitude ? Bien que ne remarquant toujours rien, j'abondai charitablement dans son sens, et il me fit part avec jubilation de séances chez un dermatologue qui lui injectait dans plusieurs zones du visage une petite ampoule d'un liquide vitaminé. Il me parla en termes si convaincants de ce praticien et insista tant et si bien pour que je bénéficie à mon tour de ses soins miraculeux que, une fois de plus, je pris bêtement rendez-vous.

« Je ne peux pas vous rajeunir, me déclara ce dermatologue d'origine asiatique, mais je suis en mesure de ralentir le processus de vieillissement de telle façon que dans dix ans vous aurez encore votre tête d'aujourd'hui. » J'avais déjà dépassé la cinquantaine et il me semblait que je ne faisais pas mon âge, mais, les vitamines n'étant pas du Botox, j'étais prête à subir les injections pour vieillir moins vite. Las ! Nul ne m'avait prévenue que les piqûres, très douloureuses, me défigureraient au point que je ne serais pas présentable pendant quarante-huit heures. Ayant pour principe de ne pas me laisser décourager par les premiers signaux négatifs d'une entreprise nouvelle et d'aller jusqu'au bout pour savoir à quoi m'en tenir, je me rendis à la séance suivante. De retour chez moi, quelle ne fut pas ma frayeur en découvrant sur mon front une grosse boule du plus mauvais effet ! Inquiète (était-ce une boule provisoire ou non, inquiétante ou non, combien de temps la garderais-je, etc.), je téléphonai au dermatologue. « Ce n'est rien, me rassura-t-il, c'est juste une poche due au liquide injecté et qui finira par se résorber. Encore heureux, ironisa-t-il, qu'elle soit localisée sur le front et non sur le menton ou sur une joue ! » On ne tente pas la chance deux fois. Je ne remis plus les pieds chez lui et ce fut ma première et dernière tentative de lutte contre les ravages du temps.

Le même ami me recommanda un médecin, miraculeux d'après lui, à un moment où je n'arrivais pas à me débarrasser d'un pénible mal de dos. Bien que les méthodes et les tarifs exorbitants de ce docteur miracle m'aient immédiatement inspiré de la méfiance, je me laissai convaincre d'acquérir à prix d'or un matériel censé assurer ma guérison. Ma méfiance s'accrut quand je constatai qu'il s'agissait d'un vulgaire matelas pneumatique muni d'un petit générateur électrique. Il suffisait, soi-disant, d'y brancher le matelas une ou deux fois par jour et de rester allongée pendant un temps donné pour que les vibrations ainsi produites et quasiment imperceptibles viennent à bout du mal de dos. Mon état resta inchangé, ce qui me rendit encore plus sceptique : tout me confirmait que ce médecin avait organisé une arnaque destinée à soutirer des fortunes à des gens aussi aisés que crédules. Exaspérée, je m'ouvris à lui de mes doutes. Bien sûr, il protesta de sa probité, mettant en avant les guérisons qu'il obtenait là où tout avait échoué, la satisfaction de ses patients, et ainsi de suite. Au final, je réussis quand même à lui faire récupérer et rembourser son grotesque matériel. Ce qui fonctionne pour les uns ne fonctionne pas pour les autres, et tant mieux pour ceux qui se sont trouvés bien de ces méthodes pour le moins douteuses, mais depuis lors, je ne vais plus à aucune des adresses recommandées par mon naïf ami – qui a d'ailleurs cessé de m'en donner.

* * *

Thérèse Bertherat, une thérapeute d'une grande compétence, d'une grande rigueur, avec qui je pratiquais l'antigymnastique inspirée par la géniale méthode Mézières[1], s'alarma de la détresse morale qui fut la mienne pendant quelques années et me recommanda l'institut Tomatis, allant jusqu'à dire que je lui en serais reconnaissante à vie. Le docteur Tomatis était un spécialiste de l'oreille dont les ouvrages faisaient autorité. Quand j'entrai dans l'immeuble cossu entièrement réservé à son institut de soins, à deux pas du parc Monceau, je fus surprise par la foule de gens apparemment très différents – enfants, adolescents, quadra-, septua- ou octogénaires – qui faisaient la queue dans l'espoir de se faire traiter pour des problèmes divers sans aucun rapport avec l'oreille ou l'audition. Une vieille dame venue spécialement de province semblait même désespérée à l'idée de ne pas être prise en charge assez rapidement.

Notoriété oblige, le docteur, un étrange colosse peu rassurant, me reçut tout de suite, et je mis d'abord l'incohérence de son discours sur le compte de mes limites intellectuelles et médicales. Mais ma perplexité et ma méfiance prirent le pas quand je découvris le coût faramineux des soins et, surtout, les soins eux-mêmes. Quel que soit le problème, ils consistaient pour chaque personne à rester pendant une trentaine de minutes dans une cabine avec un casque

---

1. Méthode selon laquelle la plupart des problèmes de dos, de colonne vertébrale, de déséquilibre corporel, sont dus à des tensions musculaires qui nous déforment inévitablement. Il s'agit donc de travailler sur celles-ci pour retrouver, lentement mais sûrement, une charpente, un squelette normaux.

sur les oreilles dans lequel on envoyait les sons distor-
dus et aussi peu musicaux que possible d'une œuvre
de Mozart. Comment concevoir que cette curieuse
technique remette sur pied des gens en dépression,
d'autres souffrant du dos, ou l'enfant autiste envoyé
par une amie qui soutenait *mordicus* que le docteur
Tomatis l'avait sauvé ?

Il fallait venir chaque jour et, un dimanche que
mes malheureuses oreilles subissaient pour la énième
fois le long désagrément des sons discordants, je
m'aperçus qu'ils ne me parvenaient que d'un côté. Ne
sachant si c'était voulu ou non, j'allai m'informer sur
cette apparente anomalie. On me confirma que c'en
était une et on me changea de cabine. Quelques jours
plus tard, on me remit dans la cabine où cet incident
s'était produit. Rebelote : rien n'avait été réparé et le
personnel en service à ce moment-là n'était au courant de rien !

À la fin du nombre prescrit de séances, on me fit
passer un test de l'audition – parfaite jusque-là : la
cabine où je passai le test était mal insonorisée et je
devais dire si j'entendais les sons les plus ténus, les
plus fins, ceux à l'extrême limite de l'audible, en même
temps qu'ils étaient couverts par le bruit incessant
d'un marteau-piqueur utilisé pour des travaux dans
l'immeuble. Tout le matériel de l'institut était d'ailleurs vétuste : tant les cabines qui fermaient mal que
les casques qu'aucun studio d'enregistrement n'utili-
sait plus depuis des lustres, ou que les antiques magné-

tophones d'où les bandes magnétiques envoyaient ce bruit atroce censé guérir tout et n'importe quoi.

Bien que des gens très sérieux continuent de défendre bec et ongles l'efficacité des traitements aberrants du docteur Tomatis, je n'en ressentis pour ma part aucun bienfait. Comme chez tous ses confrères qui le contestent, mon opinion reste celle d'une arnaque de grande ampleur qui plume de pauvres gens ayant sans doute déjà essayé pas mal de choses et mettant tous leurs espoirs d'aller mieux dans cette discutable thérapie.

* * *

Une amie qui, comme la moitié des femmes, souffrait plus ou moins des mêmes désagréments digestifs que moi, me conseilla un jour de consulter un praticien adepte de la médecine ayurvédique, laquelle, m'apprit-elle, lui réussissait miraculeusement. Il était à Paris pour quelques jours et j'allai le consulter. Je me souviens juste qu'il m'annonça que j'irais de plus en plus mal – ce en quoi l'avenir lui donna hélas raison, mais les problèmes chroniques n'empirent-ils pas forcément avec le temps ? – et me prescrivit un remède ayurvédique sans effets secondaires, le Triphala, très utilisé en Grande-Bretagne et souverain en cas de blocage intestinal ou d'abus d'alcool. Depuis des lustres, j'avais écarté aussi rapidement que définitivement les laxatifs courants, aux effets secondaires pires que le mal, ainsi que les antispasmodiques, inefficaces, tout comme d'ailleurs les anxiolytiques, qui paralysent davantage un transit paresseux. Le Triphala me réussit tellement bien à moi aussi que je ne voyage jamais sans une boîte et en garde une provision dans mon armoire à pharmacie, en cas de besoin.

Un jour, l'aimable personne qui vit dans le Midi et m'approvisionne en ce précieux remède m'appela pour m'informer qu'un grand médecin ayurvédique était de passage à Paris et me conseilla de mettre à profit une opportunité pareille. Le ponte d'Extrême-Orient me reçut dans une vaste pièce aussi sombre qu'odorante et me posa des questions sur mon alimentation. Lorsque j'évoquai les délicieux croissants chauds que je prenais le matin, il leva les bras au ciel et – via son interprète – m'enjoignit de renoncer à cette nourriture dont la richesse en mauvaises graisses était néfaste au plus haut point. Je sortis de là avec la prescription d'un lavement ayurvédique, jugé indispensable dans mon cas.

C'est ainsi qu'en plein hiver je me retrouvai dans un pavillon de banlieue isolé, sinistre à souhait et d'une propreté douteuse, où se pratiquaient ces lavements. La cabine de soins, apparemment plus propre que l'entrée qui servait de salle d'attente, se trouvait au sous-sol, et le lavement consistait à envoyer par voie rectale de l'huile de sésame chaude dans le corps. L'Indienne peu loquace qui assurait ce soin peu courant en occident me vanta les vertus du grand lavement, beaucoup plus efficace que le petit, et, bien qu'un peu alarmée par un malaise inhabituel survenu au lendemain de la première séance pendant mes courses chez le maraîcher, je revins quelques jours plus tard.

Le grand lavement envoyait par les mêmes voies pas moins d'un litre d'huile chaude dans l'organisme. Je n'étais pas très tranquille, et le fus encore moins quand des remous inquiétants se produisirent dans mon ventre. Je demandai qu'on arrête là pour limiter les dégâts qui s'annonçaient, mais la jeune soignante déplora qu'on n'aille pas au bout du lavement alors qu'il en restait si peu et, moi qui aime finir ce que je commence, je la laissai faire. Une fois toute la bouteille d'huile transvasée, elle m'informa qu'elle reviendrait une demi-heure plus tard.

Instantanément, j'eus une sorte de malaise vagal épouvantable, avec montée de sueurs et envie violente de me vider par le haut et par le bas. J'eus à peine le temps de gagner la cuvette toute proche des w.-c. où ce fut la pire explosion de ma vie. Me sentant de plus en plus mal, tremblant de tous mes membres glacés, trempée de sueur et appréhendant de vomir partout, j'appelai au secours aussi fort que ma faiblesse me le permettait pour avoir une cuvette, tant l'idée de tout salir me terrifiait. La situation de la cabine en sous-sol empêcha mes appels d'être entendus. Mon malaise était si atroce que je crus ma dernière heure arrivée et me vis en un éclair transportée agonisante à l'hôpital le plus proche, tout en réalisant que personne au monde ne savait où je me trouvais et que je pouvais crever là, dans cette cave, avant que le personnel ne s'aperçoive de quoi que ce soit.

Finalement, la taciturne Indienne vint voir où j'en étais. Je grelottais et tremblais encore, mais le plus critique semblait derrière moi. Devant mon impossibilité de conduire dans cet état, elle m'invita à m'allonger dans une chambre voisine, désaffectée, sans chauffage ni électricité, dont les persiennes fermées laissaient passer très peu de lumière du jour. Je continuai donc de claquer des dents, jusqu'à ce que je me sente à même de courir le risque de rentrer à Paris avec l'impression de revenir de très loin.

* * *

Au début des années 2000, ayant constaté une aggravation de mes troubles digestifs, que je gérais jusque-là tant bien que mal au gré des changements de mode, de prescriptions et de compléments alimentaires, je décidai de consulter un nutritionniste. En quelques minutes, cet homme d'apparence sévère me déstabilisa de fond en comble en m'apprenant que ma morphologie était typique d'un terrain fait pour manger de la viande et non des céréales complètes ou des légumineuses trop indigestes. Selon lui, mon groupe sanguin O+ allait dans le même sens. Sa théorie, apparemment cohérente, était que la consommation d'aliments aux effets secondaires aussi connus que fâcheux supposait que des siècles de générations antérieures s'en soient nourris, de sorte que le système digestif avait fini par s'y adapter. Il évoqua je ne sais plus quelles lignées hindouistes dont, grâce à leur longue chaîne héréditaire, les descendants actuels pouvaient ingérer sans inconvénient les aliments en question. Bref, des habitudes ancestrales finiraient par préparer l'estomac et les intestins à un mode d'alimentation qui les met le plus souvent à mal.

Ma déstabilisation ne s'arrêta pas là, puisque ce nutritionniste alla à l'encontre des régimes dissociés auxquels je m'astreignais en m'affirmant que, si je n'arrivais pas à grossir, c'était parce que chaque repas devait comporter un peu de féculents – du riz blanc, des pommes de terre... Par ailleurs, il me mettait en demeure de renoncer au café et au thé par lesquels, comme la plupart des Occidentaux, j'inaugurais ma journée depuis toujours. Ces breuvages irritent en effet les muqueuses digestives fragiles d'autant plus qu'on est à jeun, et contribuaient donc à aggraver ma colite spasmodique chronique. Il me prescrivit un petit déjeuner à base de flocons d'épeautre, ancêtre du blé, qu'il déconseillait à cause des multiples mutations génétiques subies au cours des siècles par la céréale la plus consommée au monde avec le riz. Se procurer ces flocons n'était pas une mince affaire. Une fois dénichés, il fallait – si ma mémoire ne me trahit pas – les mélanger avec de l'eau, de la poudre d'amande, de la poudre de châtaigne, de la levure, de la lécithine de soja et de l'huile de tournesol, tandis que le malt soluble remplaçait le thé.

Je sortis accablée de la consultation, car mon mal-être m'obligeait à tester ce nouveau régime au moins pendant un mois pour juger de son efficacité. Miraculeusement, j'allai mieux au bout de deux semaines. Je restai donc fidèle pendant assez longtemps aux prescriptions de l'austère nutritionniste, malgré son infâme mixture du matin. Au final pourtant, la présence de féculents en quantité modérée à chaque repas n'ayant pas modifié mon poids et mes troubles digestifs reprenant peu à peu le dessus, je lâchai le pensum de la bouillie à base d'épeautre, que je remplaçai de mon propre chef par le délicieux pain des fleurs au quinoa, aux châtaignes ou au sarrasin, tartiné avec une margarine végétale aux composants non hydrogénés et enrichie en oméga 3.

Il va sans dire que le plaisir ne doit pas diriger en totalité la façon de s'alimenter, mais ce n'est pas une solution non plus de commencer sa journée par une mixture qui n'inspire pas la moindre envie ! Je ne crois pas que la répugnance aide à digérer, au contraire. Et quel soulagement, lors de mes déplacements, d'être enfin libérée de la contrainte de mettre dans mes bagages les boîtes de poudre et les sachets de flocons, aussi encombrants qu'introuvables, en particulier en Corse où je passe le mois d'août.

* * *

J'ai horreur de voyager. Non seulement parce que je ne me sens bien que chez moi avec tous mes livres à portée de la main, mes amis et, plus généralement, tout ce dont j'ai besoin à proximité, mais aussi parce qu'un système digestif fragile se détraque encore plus dès que l'on modifie, si peu que ce soit, son mode et ses rythmes alimentaires. Le *jet lag* en particulier m'aura valu des troubles analogues à un début d'occlusion intestinale. J'étais très jeune quand, à la suite d'obligations professionnelles à New York, ce redoutable inconfort prit des proportions alarmantes. Le gastro-entérologue consulté me fit passer une coloscopie et diagnostiqua un méga-dolichocôlon. Il s'agit d'une malformation courante du gros intestin. Trop long et trop large, il ne se contracte pas assez. Je reconnus tous mes troubles divers dans la liste de ceux qu'entraîne ce handicap et me trouvai un peu mieux en suivant un régime à base de céréales complètes ou de viandes ou poissons sans sauce autre qu'un peu d'huile d'olive, avec force légumes verts. Encore aujourd'hui, à l'exception des céréales complètes, c'est resté la base de mon alimentation.

En 2004, le diagnostic d'un lymphome de MALT siégeant dans les voies digestives m'obligea à passer à nouveau une coloscopie selon le protocole hospitalier en vigueur. Après un régime sans fibres de plusieurs jours, censé nettoyer les tuyauteries – mais aussi acidifiant que constipant –, il fallait avaler quatre litres d'une purge d'un goût infect. Ce volume dépassait de loin la capacité de contenance de mon étroit réceptacle, qui se déforma et se distendit à un degré insupportable. Je ne pouvais plus tenir ni debout, ni assise, ni allongée, et cela me mit tellement à la torture que, après avoir subi auparavant toutes sortes d'examens plus éprouvants les uns que les autres, je craquai pour la première fois et appelai en larmes mon petit mari pour qu'il me réconforte comme il sait parfois le faire.

Je n'étais pas au bout de mes peines, puisque l'évacuation déclenchée par la purge ne débuta que plusieurs heures après son ingestion, sous une forme surprenante, aussi liquide et transparente que de l'eau. À peine revenais-je des toilettes que je devais y retourner. En moins d'une heure, j'avais le postérieur en feu et aucune crème pour calmer l'inflammation très douloureuse provoquée tant par la corrosivité de l'évacuation que par le manque de douceur du papier hygiénique de l'hôpital où ce protocole s'appliquait et où je passais la nuit avant la coloscopie pratiquée sous anesthésie, tôt le lendemain matin. À cause de mes allers-retours incessants entre la chambre et la salle de bains, je ne dormis pas de la nuit et ma tension était tombée aux environs de 7 quand on me la prit avant de m'emmener dans la salle d'opération, d'où je crus ne pas revenir vivante. Suis-je moins dure au mal que la moyenne des gens ? C'est probable. Quoi qu'il en soit, à la suite des quelques jours pénibles de régime et des vingt-quatre heures cauchemardesques qui les couronnèrent, je décidai en mon for intérieur que cette coloscopie serait la dernière de ma vie, et je tins bon. Cela me valut quelques années plus tard un examen d'avant-garde consistant à avaler à jeun une mini-caméra après avoir été équipée de multiples patchs et d'un boîtier destinés à capter les images. On reste ainsi harnaché pendant vingt-quatre heures. Cette technique très onéreuse a été conçue par des chercheurs israéliens et permet d'explorer toutes les voies digestives, y compris l'intestin grêle, inaccessible à la coloscopie.

J'allais oublier le plus drôle : le proctologue qui me suivait m'assura que je n'avais pas de méga-dolicho-côlon. J'étais stupéfaite, et je n'y crois toujours pas. D'où venaient alors les troubles divers et variés qui me gâchaient la vie depuis toujours et qui sont typiquement ceux que provoque ce genre de malformation ? Le spécialiste haussa les épaules. « Je ne sais pas, répondit-il, vous fonctionnez ainsi, c'est tout. »

Une bien curieuse profession que celle de proctologue ! Quelles peuvent donc en être les motivations ? Passer sa vie à explorer le derrière des gens et leurs matières fécales dépasse l'entendement. La nécessité d'une telle spécialité ne fait sans doute pas partie des raisons pour lesquelles on la choisit. Rendons grâces cependant aux proctologues pour leur discrétion, car ils doivent en voir, des choses étonnantes et inavouables que la plupart de leurs patients n'imaginent même pas ! S'ils ne sont jamais allés jusqu'à écrire leurs Mémoires, gageons que lorsqu'ils prennent un verre dans le cercle fermé de leurs collègues, le secret médical perd un peu de terrain et qu'ils se laissent aller à des confidences aussi salaces qu'hilarantes sur ce qui se passe dans leur « cabinet ».

* * *

C'est un ophtalmologue qui, après avoir examiné la rougeur suspecte que je m'étais découverte en haut de l'œil sous la paupière droite, diagnostiqua un lymphome. Il me l'assena si brutalement que je fis aussitôt un malaise vagal. Peu après, il pratiqua dans sa clinique une biopsie de la conjonctive concernée et se montra aussi peu amène, en refusant de m'adresser la moindre parole de réconfort et en décrétant sèchement que je relevais désormais de l'hématologie-oncologie.

Sur le moment, son attitude me parut inhumaine et me choqua. Avec le recul, je réalise à quel point l'obligation d'apprendre à un patient de mauvaises nouvelles est difficile et pénible en soi ! La brutalité que j'imputais à ce spécialiste n'était peut-être que sa façon de se blinder. Et puis, ne préférais-je pas au fond que l'on me dise la vérité le plus directement possible ? Quand je rapportai à mon sympathique hématologue la façon dont on m'avait informée de ma maladie, il soupira, avant de prétendre que deux facteurs jouent un rôle majeur dans la décision d'être médecin : l'argent et le sadisme.

Cet avis me semble beaucoup trop réducteur. J'ai eu affaire à toutes sortes d'individus dans les milieux médicaux et paramédicaux, mais les thérapeutes passionnés par leur travail et soucieux à l'extrême de soulager, si possible de guérir, des malades auxquels ils sont formidablement dévoués sont légion aussi. J'ai eu la chance d'en connaître plusieurs, et c'est grâce à eux que je voue la plus grande admiration au corps médical dans son ensemble – chercheurs et médecins. Consacrer son existence, souvent aux dépens de sa vie personnelle et de sa santé, à soigner les autres, requiert autant de générosité que d'intelligence, de compétence, de travail, d'endurance... Quand on a choisi pour de bonnes raisons cette activité complexe, lourde de responsabilités et aussi décourageante qu'exaltante, l'obligation de se confronter chaque jour aux souffrances des autres ainsi qu'à sa propre impuissance quand elles s'avèrent irrémédiables, évoque un sacerdoce, même si l'obtention des succès espérés ou les progrès de la médecine doivent constituer une stimulation compensatrice.

Mais quand je repense au temps consacré à mes ennuis, à les élucider, à les subir, à les traiter..., je m'étonne de mon inlassable aptitude à repartir sur une énième nouvelle piste censée me soulager, malgré la succession sans fin des expériences négatives, parfois même dangereuses. Aujourd'hui que sonne l'heure des bilans, une indescriptible confusion a définitivement brouillé ma vision, dans la mesure où d'un spécialiste à l'autre, d'une technique à l'autre, d'une époque à l'autre, les recommandations et les théories diffèrent sans cesse, quand elles ne se contredisent pas carrément. C'est bien connu : trop d'information tue l'information, ou, comme dit si bien la chanson : « Plus on nous dit tout, plus on ne sait rien[1] ! »

---

1. Jacques Lanzmann et Jacques Dutronc.

3

La politique en France par le petit bout de ma lorgnette

Dans le modeste pavillon de mes grands-parents à Aulnay-sous-Bois où j'ai passé avec ma sœur les week-ends et les petites vacances de mes dix-sept premières années, j'ai été à maintes reprises témoin de la façon dont dégénèrent immanquablement les discussions politiques, qui font vite perdre tout contrôle de soi et entraînent des violences verbales inouïes. Artiste peintre, ma tante Marie-Louise était une communiste militante, sa fréquentation du milieu de la peinture à Montparnasse ayant dû jouer à ce sujet un rôle décisif, et, davantage encore je crois, le besoin, plus ou moins inavoué, de se démarquer de ses parents, petits employés de banque gaullistes, d'un catholicisme terriblement étriqué… Contrairement à eux, ma tante donnait de sa personne, laissait son argent au Parti quand elle en avait, autrement dit mettait en pratique les généreux idéaux communistes, si proches au fond des idéaux chrétiens. Crachant le sang mais dans le sacrifice permanent d'elle-même au détriment de sa santé, elle aura été une sorte de sainte, comme on en trouve parfois dans les rangs communistes ou chrétiens.

De son côté, ma mère s'était mise au ban de la société de son époque en ayant deux enfants avec un homme marié. D'un individualisme forcené, entretenu par l'orgueil dont elle avait besoin pour assumer, la tête haute, sa situation hors normes, elle s'affichait plutôt comme une libre-penseuse, en désaccord fréquent avec tout le monde, en particulier avec sa communiste de sœur.

À force d'être le témoin involontaire des joutes familiales, j'eus assez vite l'intuition de l'irrationalité des prises de position politiques, indissociables du contexte affectif personnel et de toutes les insatisfactions profondes non digérées qui le constituent. Il saute aux yeux que les ressentiments, les jalousies, les frustrations éprouvés dès la prime enfance, et refoulés depuis lors, par les uns et les autres, les uns vis-à-vis des autres, trouvent là un formidable exutoire.

Est-ce pour cette raison que la politique m'a indifférée si longtemps ? Quand mon intérêt s'éveilla sur le tard, à la fois parce que j'avais un peu plus de disponibilité, mais aussi parce que ce qui, à tort ou à raison, m'apparaissait comme le sectarisme et le simplisme mensonger d'une partie de la gauche me dérangeait de plus en plus, ma sympathie instinctive pour quelques politiciens de droite ou du centre droit, Raymond Barre en tête avec son franc-parler, se confirma. Comparativement, ceux de gauche me semblaient réciter une sorte de catéchisme déguisé, focalisé sur des principes manichéens destinés à séduire leur électorat tout en le maintenant dans son ignorance crasse des réalités économiques, dont eux-mêmes tenaient rarement compte quand ils accédaient au pouvoir, surtout quand elles allaient à l'encontre de leur sacro-sainte idéologie marxiste. Je soupçonnais aussi les prêtres laïques du socialisme d'avoir une existence et des comportements peu conformes aux principes qu'ils érigent en dogmes. Or, aussi convaincant qu'il puisse être, le verbe n'a qu'un pouvoir éphémère sur les personnes en quête d'authenticité si celles qui l'utilisent ne l'incarnent pas assez. Cela ne suffit d'ailleurs pas, car, lorsqu'on est aveuglé par une idéologie simpliste, la sincérité s'avère néfaste, comme continuent de le prouver les leaders communistes ou d'extrême droite – si tant est que ces derniers soient sincères. Les incorruptibles que rien ne détourne de ce qu'ils croient être la vérité sont beaucoup plus dangereux que les autres quand ils se trompent et servent les forces obscures en les prenant pour celles de la lumière.

* * *

Certaines personnalités socialistes éminentes, Michel Rocard et Hubert Védrine au premier chef, m'inspiraient cependant une grande estime, et me l'inspirent toujours.

Je garde un souvenir ému d'un dîner à la maison, en Corse, où Michel Rocard vint avec son épouse, native de Monticello, encombré d'un magnifique rosier pour notre jardin. Quelques notables étaient présents et je me faisais un sang d'encre à propos du repas, n'ayant plus l'habitude d'en organiser avec autant de convives, mais Jacques me rassura : « On fera boire tout le monde et le contenu des assiettes passera inaperçu », m'affirma-t-il. Ainsi fut dit, ainsi fut fait ! Comme nous, Michel appréciait le vin rouge, et l'ambiance fut vite d'une grande gaieté, d'autant que c'est un homme particulièrement chaleureux. Je lui confiai qu'avec lui, mes hommes politiques préférés étaient Raymond Barre et Hubert Védrine. « Tout à fait d'accord pour Barre, mais Védrine est tellement froid ! Si vous l'appréciez, il faut croire que son discours passe malgré tout... », remarqua-t-il. Il gagna le cœur de Thomas en évoquant sans détour la difficulté d'être « fils de », qui avait été aussi son lot[1]. Après le dîner, nous allâmes sur la terrasse et il m'avoua être globalement insensible à la musique. Personne n'est parfait !

À la rentrée 2010, la célébration des quatre-vingts ans de Michel Rocard eut lieu à *La Nouvelle Ève* et sa femme m'y invita. Ce fut surréaliste ! Où que je porte les yeux, en dehors de Simone Veil et de Laurence Parisot, il n'y avait que des personnalités socialistes et, comme Michel tenait à ce que je sois à sa table, je passai la soirée à côté du taciturne Lionel Jospin et de sa femme, heureusement plus conviviale

---

1. Michel Rocard est le fils d'Yves Rocard, physicien mondialement célèbre.

et éblouissante d'élégance et d'intelligence, Sylviane Agacinski-Jospin, avec laquelle j'eus l'impression de sympathiser. La vedette de la soirée virevoltait un peu partout, happée par les uns et les autres, et monta sur scène pour faire un discours chaleureux et plein d'humour – à son image – dans lequel il recommanda à ses collègues et amis de ne plus opposer les patrons et les travailleurs, dont l'ennemi commun était la finance. En même temps, entre son *speech* et les dizaines de congratulations que ses innombrables relations tenaient à lui adresser personnellement, il ne ratait pas une occasion de faire un saut à sa table et de me manifester une affection que je lui rendais bien. Il resta assis plus longtemps lorsqu'on le prévint que sa femme allait lui faire une surprise en venant sur scène à son tour. Pour une surprise, c'en était une, car nous la vîmes apparaître en tutu noir, le visage masqué, et faire des pointes sur *La Vie en rose* dans la version de Grace Jones. Sylvie Rocard devait avoir alors la cinquantaine bien sonnée, et son époux eut l'air aussi perplexe qu'ému devant sa prestation. Bien que cette incroyable preuve d'amour de sa femme ne pût laisser personne indifférent, je me demandai si sa perplexité était partagée par le reste de l'assistance.

Bien sûr, je n'étais pas venue les mains vides, mais mon cadeau disparut, sans doute entassé dans un coin avec tous les autres. Le sympathique chauffeur de Michel, qui m'avait déjà amenée, me ramena chez moi. Peu habituée comme je l'étais à tant d'égards, cette mémorable soirée me mit du baume au cœur.

Je n'ai pas revu Michel Rocard depuis, mais dès que Google Alertes me signale une nouvelle interview, j'en prends connaissance avec un intérêt toujours renouvelé. Je regrette seulement l'influence de Pierre Larrouturou qui ne me dit rien qui vaille et qui a réussi à le convaincre de la nécessité de réduire encore le temps de travail, comme si les 35 heures qui ont vidé les caisses sans créer d'emplois n'avaient pas existé et comme si ces deux hommes n'avaient pas compris que le travail ne se partage pas.

* * *

À l'occasion de la sortie de mon livre *Les Rythmes du zodiaque*, Jean-Luc Hees, directeur de Radio France, me proposa une journée France Inter. Il souhaitait ma présence dès le journal du matin, et lorsqu'il s'enquit de mes politiciens de prédilection, j'évoquai, entre autres, Hubert Védrine. Quels ne furent pas ma surprise et mon trouble quand je me trouvai face à lui et dus expliquer pourquoi il m'inspirait autant d'estime! Normalement, quand je suis mortellement impressionnée, je bredouille lamentablement. Est-ce la présence de Benjamin Biolay, assis à côté de moi, qui me mit à l'aise ? Toujours est-il que, pour une fois, je ne m'en tirai pas trop mal.

Par la suite, Hubert Védrine accepta, à mon grand étonnement, d'être l'un des invités surprises de *Petites confidences entre amis*, une émission de télévision créée et animée par Ariane Massenet pour la chaîne Paris

Première. Je n'aurais jamais imaginé qu'un homme aussi important et occupé accepterait d'apparaître dans une telle émission et tombai des nues en le voyant arriver. Il n'avait pas l'habitude de ce genre de contexte, et je le sentis aussi embarrassé que je l'étais moi-même. Aussi lui écrivis-je le lendemain un mot de remerciement, auquel il répondit aussitôt avec beaucoup de simplicité.

Quand RTL me proposa de faire son *Journal inattendu*, j'avais commencé à m'intéresser à l'économie et proposai comme invités politiques Laurence Parisot et Hubert Védrine. Tous deux acceptèrent, et je passai un temps fou à concocter des questions que j'espérais pas trop stupides. Hubert Védrine ne met guère à l'aise, et quand, après l'émission, je plaisantai à propos de mon incertitude quant à la prochaine présidentielle et de la nécessité qu'il me conseille à ce sujet, il prit mon numéro de téléphone – dont, dans mon trouble, je n'arrivai pas à me souvenir immédiatement – afin de fixer une date pour un déjeuner. Son coup de fil tarda, et il ne se manifesta que quelques jours avant l'élection. Nous eûmes un déjeuner très agréable et instructif à *La Villa corse*, tout près de mon domicile d'alors. « Je n'ai plus besoin de vos conseils pour choisir mon candidat, car j'ai pris ma décision », lui annonçai-je. Il savait que je n'étais pas de gauche, mais espérait que j'aurais opté pour François Bayrou, alors que je préférais finalement Nicolas Sarkozy, à cause, entre autres, des gens nouveaux – Rama Yade, Valérie Pécresse, Rachida Dati, Laurent Wauquiez, etc. – dont il s'entourait. « Mais c'est très bien de voter Sarkozy, me rassura-t-il. Une chose est sûre : les gens qui travaillent avec lui ne céderaient leur place pour rien au monde. » Nous nous quittâmes dans les meilleurs termes et je pris l'habitude de lui envoyer mes diverses productions (disques et livres), tandis qu'il en faisait autant de son côté – je ne sais d'ailleurs plus lequel de nous initia ce rite. Nous avons à nouveau déjeuné ensemble en 2013 au *Bar de l'Entracte*, en face du Théâtre des Champs-Élysées où je suis allée souvent écouter Hélène Grimaud, et je cherchai à avoir son avis sur le gouvernement de François Hollande. Ce diplomate que tant de personnalités consultent sur la géopolitique me fit une réponse mitigée.

J'ignore si nous nous reverrons un jour, mais si j'éprouve une telle admiration pour lui, c'est à cause, bien sûr, de son intelligence lumineuse et de son absence de sectarisme, mais aussi parce que, à tort ou à raison, je lui prête une belle âme. Il s'en est d'ailleurs rendu compte puisqu'il m'a recommandé de ne pas trop l'idéaliser. Quoi qu'il en soit, il a refusé le portefeuille des Affaires étrangères qu'une fois élu Nicolas Sarkozy lui proposa en premier et s'il n'a jamais eu l'ambition d'être président de la République, c'est parce qu'il tient par-dessus tout à sa liberté et que ce n'est pas un tueur.

* * *

L'un de mes amis et moi nous sommes régulièrement affrontés chaque fois qu'un sujet brûlant de l'actualité politique du moment arrivait dans la conversation. Il était plus brillant que moi et inclinait à gauche, tandis que je m'estimais plus pragmatique que lui et penche à droite. L'un comme l'autre, nous avions le sang chaud et aimions défendre nos points de vue, que nous croyions bêtement incontestables, bien qu'inconciliables. Cet ami démordait donc aussi peu de ses positions que moi des miennes. Je savais bien pourtant que, même si gauche et droite ne s'opposent pas en tout, rien ne sert de démontrer à quelqu'un d'un bord différent du vôtre la valeur de telle ou telle mesure qui vous séduit mais que son camp rejette en bloc. D'autant qu'assez souvent l'un se situe sur le plan des idées et des idéaux, plus ou moins utopiques, alors que l'autre se situe sur le plan des réalités, plus ou moins au ras des pâquerettes. Mais sans doute trouvions-nous dans la montée d'adrénaline provoquée par nos dialogues de sourds une excitation qui nous convenait. Nos différends nous sortaient du calme plat des échanges habituels et nous permettaient peut-être aussi de nous défouler indirectement des ressentiments inavouables que chacun inspirait à l'autre.

Cet ami traînait son contexte familial comme un boulet, entre un père haut fonctionnaire qui avait été incapable de l'aider à se construire de façon positive et une mère peu épanouie et de condition inférieure à celle d'un mari qui avait fini par la délaisser... L'impossibilité pour mon orgueilleux ami de vivre de son travail d'artiste était dans la continuité directe des injonctions dévalorisantes de son père qui avaient plombé son enfance et gangrené sa personnalité. Si la mère chérie à laquelle il s'identifiait avait été de droite, n'aurait-il pas opté pour ce camp-là ? S'il avait lui-même brillamment réussi et obtenu la reconnaissance sociale dont il rêvait, n'aurait-il pas été un peu moins radical dans son adhésion aux idées de gauche ? Avec des si...

Au-delà de l'unanimité sur des valeurs universelles dont la gauche a l'outrecuidance de s'attribuer l'exclusive, les motivations, les angles de vision, les idées, les penchants des êtres humains sont aussi variés qu'eux-mêmes, et c'est tant mieux. Quel ennui si tout le monde pensait la même chose ! Il est déjà tellement accablant que les chaînes de télévision qui ciblent le plus grand nombre diffusent les mêmes navets, les mêmes séries policières, les mêmes émissions de téléréalité !

La façon de penser d'un individu est tributaire de ses multiples conditionnements, en particulier de son vécu affectif, de son milieu socioculturel et, au final, de sa personnalité, où l'inné a dû composer, de façon appropriée ou non, avec l'acquis. En général, la communication s'avère problématique, pour ne pas dire impossible, quand un trop large fossé entre les conditionnements respectifs sépare les êtres. Quelqu'un qui a été désiré, aimé, soutenu par ses parents, n'aura pas la même vision du monde, des autres et de lui-même que celui qui a été rejeté par son milieu familial et confronté trop tôt à l'isolement et à la misère. Leur langage utilisera des mots identiques auxquels ils prêteront à leur insu un sens différent, et d'insurmontables difficultés de compréhension et d'entente s'ensuivront. Au final, l'objectivité est impossible, et la subjectivité domine inconsciemment la pensée et les idées de chacun.

* * *

Les auditeurs des stations radiophoniques généralistes sont régulièrement invités à donner leur avis sur la politique menée par leurs dirigeants, alors que la plupart n'ont aucune des connaissances requises pour avoir un jugement éclairé, d'autant moins que tout jugement est dicté par des considérations personnelles, des habitudes de pensée et des préjugés ancrés. Mais nous sommes en démocratie, et quand bien même, comme la plupart des gens dont l'avis est sollicité, je n'ai pas étudié les sciences politiques ou économiques et viens d'un milieu populaire désargenté, je peux me permettre de dire comme tout le monde ce que je pense, au risque d'enfoncer des portes ouvertes ou d'être à côté de la plaque. Tant pis si je m'expose ainsi aux foudres de ceux qui pensent autrement. Loin de moi la prétention de détenir la vérité – chacun la sienne, chacun son contexte, ses déformations, ses rigidités –, je donne juste un point de vue, ni plus ni moins subjectif et partiel, parfois partial, que d'autres. Que ceux qui n'ont rien contre moi se montrent indulgents quand ils sont en désaccord avec mes propos ou les estiment réducteurs ou stupides. Quant aux autres, il n'y a aucune bonne raison pour qu'ils s'intéressent de près ou de loin à ce que j'écris, sauf s'ils ont besoin de se défouler, auquel cas mes inévitables faux pas leur donneront la possibilité de m'exécuter avec jubilation, quitte à mal m'interpréter et à m'attribuer des propos sans rapport avec ma pensée initiale !

* * *

L'obstination des responsables socialistes, souvent issus de la bourgeoisie, à dresser les classes populaires contre les classes plus favorisées est une forme de manipulation dont la facilité finit par irriter. Avec leurs discours fallacieux, ils n'auront pas cessé d'alimenter le besoin puéril de leur électorat d'imputer ses problèmes et son mécontentement au bouc émissaire que sont les « nantis », forcément profiteurs, spéculateurs, malhonnêtes, amoraux – défauts dont aucun milieu, y compris celui des démunis, n'est exempt... Ou à la finance, sans laquelle nous ne pourrions nous offrir le luxe de vivre à crédit comme nous le faisons avec une aberrante inconséquence depuis les années quatre-vingt. Mais cela dérange rarement la plupart des gens de gauche de vivre aux frais de la princesse, quelle qu'elle soit !

Lisant et relisant sans cesse, j'ai retrouvé dans *Portraits sans retouches* de Françoise Giroud l'extrait ci-dessous d'un long discours de deux heures que fit, fin 1951, Pierre Mendès France à l'Assemblée nationale au sujet du budget de la France : « Vous vous préparez, une fois de plus, à dépenser quinze cents francs alors que vous n'en avez que mille. Dans tous les budgets, ces opérations ont pour conclusion la faillite. Dans le budget d'un pays, la faillite s'appelle l'inflation. Au lieu de voter de nouveaux impôts, faites des économies. » N'est-il pas confondant de constater à quel point ce conseil d'un homme de gauche respecté pour sa rigueur et son intégrité reste plus que jamais d'actualité et s'appliquerait au gouvernement de François Hollande ?

Mendès était d'une génération où le crédit n'existait pas. Moi aussi, d'ailleurs, et – comme ce grand homme probablement – j'ai reçu une éducation qui attachait la plus grande importance au fait de gagner sa vie, de ne pas vivre au-dessus de ses moyens, de ne rien demander, ne rien devoir à personne sur le plan financier. Ces sains principes se sont gravés en moi, et cela m'avait beaucoup perturbée de prendre en 1974 un crédit bancaire remboursable sur vingt ans pour acquérir ma maison dans le XIVe arrondissement alors que rien ne me disait si je gagnerais encore ma vie d'ici là ! J'ai par ailleurs toujours été hostile aux avances proposées par les maisons de disques ou d'édition lors de la signature d'un contrat ou à chaque début d'enregistrement ou d'écriture de livre. Si le disque ou le livre ne se vendent pas, on se retrouve débiteur pendant des années, parfois à vie, à l'égard des sociétés en question. Certains artistes, certains auteurs ont besoin de ces avances pour vivre, mais notre travail est une sorte de loterie. On a au moins une chance sur deux de ne pas vendre et, quand c'est le cas, on aura vécu sur un argent qui n'est pas à soi et qu'il faudra bien rembourser.

* * *

Il semblerait que plus une idée est utopique, mieux l'électorat la gobe. L'une des belles idées de François Hollande en arrivant au pouvoir aura été la mutualisation de la dette au sein de l'Union européenne. Cela revenait à ce que les pays dits vertueux, ceux dont les citoyens avaient fait de gros efforts pour rester dans les limites imposées par les traités européens, paient pour ceux des pays irresponsables. N'importe quelle personne sensée se rendait compte de l'aberration d'une telle proposition, et la placide mais réaliste Angela Merkel eut le mot de la fin : « Plus de solidarité, fit-elle valoir, implique moins de souveraineté. » Elle n'excluait pas la mutualisation des dettes européennes, mais à la condition *sine qua non* que soit créé un ministère européen de l'Économie et des Finances qui impose les mêmes règles et les mêmes sanctions aux pays concernés, sans que leurs dirigeants respectifs aient leur mot à dire. On sait que la survie de l'Union européenne et de sa monnaie implique au moins une politique économique et sociale commune. À quand l'harmonisation fiscale européenne entre les pays de niveau équivalent ? Le plus tôt possible, espérons-le !

La droite française ose si peu aller à l'encontre du politiquement correct martelé à n'en plus finir par le camp adverse que les autres pays la considèrent comme social-démocrate. Résultat, tout va plus mal en France que dans la majorité des pays européens comparables. Afin de commencer à réduire une dépense publique excessive qui ne cesse de progresser depuis plusieurs décennies, le gouvernement de Nicolas Sarkozy avait entrepris de ne pas remplacer un fonctionnaire sur deux partant à la retraite, tandis qu'à son insu les collectivités territoriales, en majorité socialistes, enrôlaient des fonctionnaires à tour de bras. Il aurait ameuté plus de la moitié de la population s'il avait suivi l'exemple de la Suède, qui, lorsque sa dette atteignit 80 % du PIB – fin 2014, la nôtre atteindra les 100 % –, réduisit de 38 % le nombre de fonctionnaires, ou ne serait-ce que s'il avait supprimé 400 000 postes de fonctionnaires, comme le fit plus récemment David Cameron, amorçant ainsi le redressement économique de son pays, alors que, faute de vraies réformes, on ne voit pas venir le nôtre !

* * *

S'il est une injonction de plus en plus exaspérante à entendre, c'est celle de l'égalitarisme, autrement dit de la réduction des inégalités. La société française ne serait pas assez « égalitaire » et il ne se passe pas de semaine sans que l'on dénonce l'écart croissant entre riches et pauvres et que l'on prône l'impérieuse nécessité d'une fiscalité plus juste, plus redistributrice, d'un impôt plus progressif – comme s'il ne l'était pas depuis toujours ! En France, ces disparités et l'enrichissement des plus favorisés ne concernent pourtant que trente personnes, autrement dit trente milliardaires tels que François Pinault ou Bernard Arnault, qui sont créateurs d'emplois autant que mécènes et ont créé des sociétés un peu partout dans le monde. On s'entête d'ailleurs à vouloir ignorer que les entreprises implantées par des Français ailleurs que chez eux acquittent leur dû fiscal là où elles font des profits. Et quoi de plus normal que les hommes d'affaires de dimension internationale fassent appel aux conseillers financiers et juridiques les plus avisés pour optimiser les prélèvements fiscaux de leurs entreprises, afin d'être en mesure de poursuivre les investissements nécessaires sinon à leur développement, du moins au maintien de leurs activités ?

Assimiler le recours aux paradis fiscaux à de la fraude se comprend. Mais considérer systématiquement les hommes d'affaires comme des voyous qui, pour s'enrichir, exploitent ceux qu'ils emploient, et vouloir les saigner encore plus qu'ils ne le sont déjà, a de quoi choquer. Leur réussite contribue à la richesse autant qu'à la renommée de leur pays, qui ne pourrait se passer d'eux. Parti de rien, François Pinault est un pur *self-made-man*. Si des guerres implacables l'ont opposé à son concurrent direct Bernard Arnault, ces deux hommes, qui ne sont certes pas des saints, ont les qualités d'ambition, d'intelligence, d'audace, d'envergure, de ténacité, de pragmatisme, sans lesquelles aucune grande réussite dans les affaires n'est possible. Ils ont assurément mieux à faire que de s'exprimer sur les procès, justifiés ou non, que les médias et l'opinion intentent en permanence aux grands patrons. Y a-t-il une meilleure attitude possible dans une France rendue aveugle et sourde par les préjugés démagogiques de la gauche la plus archaïque d'Europe ?

* * *

Il va de soi que nous devons nous battre pour l'égalité des droits, sans omettre qu'elle s'assortit de l'égalité des devoirs. Mais que veut-on dire exactement par une redistribution plus juste des richesses, alors qu'avec ceux du Danemark, dont le service public est, paraît-il, meilleur que le nôtre mais dont les habitants s'avèrent excessivement endettés, les impôts français sont parmi les plus élevés de l'UE et ponctionnent les classes privilégiées comme nulle part ailleurs ? Sait-on qu'en France 70 % de l'impôt sur le revenu est payé par 10 % des contribuables ? La gauche a beau jeu de seriner que les riches paient moins d'impôts que les pauvres ou pas d'impôts du tout, alors qu'à eux seuls ils remplissent bien davantage les caisses de l'État que tout le monde, ce qu'ils trouvent normal... jusqu'à un certain point ! Il fallait voir la stupéfaction de Julie Depardieu quand un récitant du politiquement correct assurait que les plus riches échappent à l'impôt : manifestement, tel n'est pas le cas de son célèbre acteur de père qui, depuis des décennies, aura versé à l'État français des sommes colossales – sans commune mesure avec ce que sa scolarité sommaire aura coûté, certains simplets étant allés jusqu'à l'en juger redevable alors qu'en l'occurrence l'État est infiniment plus redevable à Gérard Depardieu que l'inverse !

* * *

Quel n'a pas été mon agacement en entendant un journaliste généraliste qui anime le journal du matin d'une célèbre station radiophonique et son collègue spécialisé en économie qui lui annonçait que l'ISF – augmenté par François Hollande – avait un peu plus rapporté en 2013 que l'année précédente, en conclure l'un et l'autre que, contrairement au bruit qui courait, il restait beaucoup de grosses fortunes en France. Une fois de plus, ces jeunes journalistes étalaient sans complexe leur ignorance. Comme la plupart de leurs auditeurs, ils ne savent pas que l'on peut être assujetti à l'ISF sans être une grosse fortune. Il suffit pour cela d'avoir passé sa vie à consentir d'importants efforts financiers afin d'être propriétaire d'une résidence principale à Paris ou dans toute autre ville chère, et d'une résidence secondaire. Bien sûr, seules les classes moyennes aisées peuvent se le permettre, mais entre une relative aisance financière et la détention d'une véritable grande fortune, la différence se pose là !

Le fisc français calcule ses prélèvements sur la base de la valeur qu'il attribue aux biens immobiliers, qu'il peut estimer jusqu'à dix fois plus élevée que leur prix d'achat. Il ponctionne également les contribuables passibles de l'ISF sur la somme qui figure sur leur compte bancaire à la fin de l'année et sur le montant de leur éventuel portefeuille boursier. Vous payez l'ISF dès que la totalité de vos avoirs atteint le plafond fixé par l'État. Or, une résidence principale et une résidence secondaire, dont il faut le plus souvent rembourser pendant des décennies le crédit qui a permis leur acquisition, occasionnent des frais permanents pour leur entretien, l'aide domestique, les charges, les assurances et les impôts locaux. Seule se justifie, en cas de vente d'un bien immobilier, la taxation d'une éventuelle plus-value, calculée en fonction de l'augmentation du niveau de vie général ainsi que du montant approximatif des frais occasionnés depuis son acquisition. Les héritiers directs d'un patrimoine immobilier passible de l'ISF doivent payer entre 40 % et 45 % de droits de succession sur sa valeur telle qu'estimée ou surestimée par l'administration fiscale. La plupart du temps, ils sont contraints de vendre pour acquitter ces droits exorbitants, alors qu'il s'agit en général d'un appartement ou d'une maison de famille d'une inestimable valeur affective puisqu'ils y ont grandi et y ont vu vieillir puis mourir leurs parents.

Beaucoup de gens, de droite comme de gauche, condamnent le principe même de l'héritage, qu'ils trouvent injuste et inégalitaire. D'autres, dont je fais partie, pensent au contraire que disposer à sa guise de ce que le fisc vous a laissé après vous avoir confisqué, votre vie durant, parfois plus de la moitié de vos revenus, devrait être un droit sacré. Ils pensent aussi qu'il faudrait supprimer les droits de succession, comme certains pays européens l'ont fait.

La filiation constitue un ressort humain puissant, susceptible de motiver fortement les parents. Nombreux sont ceux qui éprouvent le besoin viscéral de léguer à leurs enfants ce qu'ils se sont donné le mal de construire tout au long de leur vie professionnelle. Ceux qui voudraient interdire tout héritage illustrent la phrase célèbre « La propriété, c'est le vol » de Proudhon, un anarchiste socialiste du XIXe siècle. L'État va aussi dans ce sens en pénalisant toujours plus les propriétaires, tant et si bien qu'ils finissent par devoir renoncer, la mort dans l'âme, à ce dont ils ont hérité ou qu'ils ont acquis et entretenu, souvent avec l'amour qu'inspirent les belles choses du passé, d'autant plus que l'on en est responsable. C'est ainsi que les joyaux les plus précieux du patrimoine français ont peu à peu été rachetés et continuent de l'être par des Saoudiens, Qatariens, Russes, mais aussi Britanniques, Allemands et autres étrangers sinon richissimes, du moins raisonnablement imposés dans leur pays.

Ma mère a fait en permanence de gros sacrifices pour que ses deux filles aient des vacances et des Noëls « normaux », pour qu'elles fassent des études aussi. Ma réussite miraculeuse me permit par la suite de l'aider, dans les strictes limites qu'elle m'autorisait. Grand fut donc mon étonnement, après son décès, quand le notaire m'annonça qu'elle nous avait légué, à ma sœur et moi, une petite somme pour laquelle elle avait dû économiser pendant des années sur ses maigres revenus. Il était clair que, dans l'esprit de cette femme aussi frugale qu'intègre, ce legs était d'une immense importance. C'était tout simplement sa façon d'exprimer *post mortem* à ses enfants l'amour qu'elle leur portait. Les larmes me montent aux yeux chaque fois que je l'évoque. Quel que soit l'avenir professionnel de mon fils, lui léguer à mon tour tout ce que je pourrai fait partie de mes priorités. Les égalitaristes et redistributeurs en tout genre et à tout crin ne comprendront jamais ou jugeront mal placée la charge d'amour dont tant d'héritages sont porteurs.

* * *

En 2012, j'ai dû déménager du spacieux appartement de l'avenue Foch où j'habitais avec mon mari et dont j'étais propriétaire depuis fin 1998. Personne ne voulant de ce duplex dépourvu de fenêtres au rez-de-chaussée et dans un état général peu brillant, je l'avais acquis pour un prix défiant toute concurrence, grâce à la vente de la maison où ma petite famille et moi avions vécu vingt-quatre ans et que j'avais mis autant de temps à finir de payer. Onze ans plus tard, le fisc décrète que mon appartement vaut beaucoup plus que ce que je le déclare et exige un redressement considérable tout en augmentant le montant global de mon ISF. Arrivant à un âge où, à moins d'un miracle, les revenus diminuent et où certains frais – médicaux entre autres – augmentent, n'ayant pas convaincu l'inspectrice que la valeur de mon appartement était très inférieure à ce qu'elle croyait, ainsi que le confirmait l'expertise qu'elle avait réclamée, je le mis en vente. Comme prévu, il fut très difficile de trouver quelqu'un d'intéressé par cette habitation atypique, qui se vendit finalement au prix que je la déclarais, cautionné au préalable par l'expert. Non contente de m'avoir accusée d'avoir été de mèche avec ce dernier, l'inspectrice butée refusa de tenir compte des documents notariaux de la vente, invoquant un dessous-de-table des 700 000 euros qui manquaient pour confirmer son estimation fantaisiste ! Loin de moi l'idée de me plaindre, ce serait indécent, je tenais juste à exposer non pas ma réalité, mais celle, incontournable, des faits, si éloignée de ce que les gens imaginent. Leurs soucis matériels sont tels que la taxation des plus favorisés qu'eux leur semblera toujours justifiée et insuffisante. Chacun voyant midi à sa porte, qu'on me pardonne de ne pas faire exception à la règle !

Des personnes âgées se sont trouvées dans un cas de figure plus ou moins comparable au mien. Je pense à une vieille dame devenue veuve et héritant de son mari l'appartement où ils avaient toujours vécu et pour lequel l'ISF lui réclamait une contribution très au-dessus de ses moyens. Ceux et celles qui paient l'ISF sans être de « grosses fortunes » ne s'exilent pas, tout simplement parce qu'ils ne le peuvent sur aucun plan : ni financier, ni affectif, ni physique. Michel Rocard[1], le

---

1. Alain Juppé et Michel Rocard, *La Politique, telle qu'elle meurt de ne pas être*, Éditions J.-C. Lattès, 2010.

créateur mal inspiré de cet impôt qui devait être provisoire, pense aujourd'hui qu'il faudrait le supprimer. L'ISF aura causé en effet, et cause encore, quantité d'exils fiscaux, avec un manque à gagner pour l'État très supérieur à ce qu'il rapporte.

Pour certains contribuables, l'addition de leurs versements pour l'impôt sur le revenu, la CSG, les impôts locaux et l'ISF équivaut à l'intégralité de leur revenu annuel, ce qui revient à avoir travaillé ou touché sa retraite pour les caisses de l'État. Cette situation aberrante, cause directe des nombreux exils fiscaux de ceux qui peuvent se le permettre, a amené Nicolas Sarkozy à instituer le bouclier fiscal, qui, contrairement à ce qui s'est dit, ne privilégiait pas de façon outrancière ses bénéficiaires, dans la mesure où reverser 50 % de son revenu, c'est déjà beaucoup, et ne défavorisait en rien les autres contribuables.

* * *

Au moment de mes ennuis avec le fisc, je fis pour un grand hebdomadaire une interview croisée avec la jeune chanteuse anglaise d'origine géorgienne Katie Melua, qui avait repris l'une de mes chansons. La conversation tournait forcément autour de nos chansons et de nos parcours professionnels respectifs quand le journaliste posa soudain sur nos lieux de résidence des questions hors sujet que j'eus la bêtise de croire *off*. J'étais si obnubilée par mes problèmes, et par l'injustice dont je me sentais victime, que je dis quelques mots pour dénoncer l'aberration qu'est l'ISF et évoquai ma probable obligation de déménager à cause de cet impôt inique. Non seulement le journaliste s'empressa de les publier, mais il se permit de dénaturer mes propos en me faisant conclure que j'allais être à la rue, ce que je n'ai évidemment jamais dit ni pensé.

Cela me valut le soir même un coup de fil de Carla Bruni – elle et moi avons une grande estime l'une pour l'autre. La présidentielle de 2012 se rapprochait et Carla était persuadée que son mari allait être réélu, ce dont, de mon côté, je doutais fort. Elle m'apprit que, pour des raisons électorales, il n'avait pas supprimé l'ISF pendant son premier mandat, mais qu'il le ferait lors du second et que je pouvais dormir sur mes deux oreilles.

Ce n'était pas la première fois que j'observais à quel point Nicolas Sarkozy est un peu trop sûr de lui. Sans doute ce sentiment est-il inhérent au grand pouvoir de conviction qui est le sien. Indignée par les mensonges ou les inexactitudes à propos de son gouvernement sans cesse proférés par une opposition déchaînée, j'avais auparavant écrit une lettre à Carla pour lui demander si son mari était conscient de la destruction systématique et souvent fallacieuse dont sa politique et sa personne faisaient l'objet. À ma stupéfaction, il me téléphona lui-même un samedi en début de soirée, alors que je m'apprêtais à rejoindre quelques amis au restaurant. Notre dialogue – de sourds – dura une bonne quinzaine de minutes. Le Président s'avérait aveugle aux signaux négatifs envoyés de tous côtés et conforté dans son optimisme Verseau par les records d'audience que lui avait valus sa récente prestation sur TF1 face à un panel de gens qui n'avaient pourtant guère semblé convaincus par les solutions qu'il proposait pour régler leurs terribles problèmes.

Il n'en reste pas moins que cet homme est très sympathique et qu'il semble plus naturel de l'appeler Nicolas que Monsieur le Président ! En 2007, Julio Iglesias m'avait demandé d'assister à sa remise de la Légion d'honneur, et c'est ainsi que j'aperçus Nicolas Sarkozy pour la première fois. Malgré un corps apparemment vigoureux, je fus frappée par son visage émacié et en conclus qu'il était plus fragile physiquement qu'on n'imaginait. La petite cérémonie achevée, je demandai à Didier Barbelivien de me présenter à son copain, ce qui se fit dans une grande décontraction. Quand notre nouveau Président se plaignit de l'excès de formalisme qui sévissait à l'Élysée et lâcha, excédé : « Le formalisme me rend fou ! » la personne peu formaliste que je suis moi-même fut aussitôt séduite par tant de spontanéité et de simplicité !

Je le revis dans les jardins de l'Élysée lors d'une réunion à propos de la loi Hadopi avec des artistes et producteurs du monde de la chanson et du cinéma. Il fit un discours bluffant de précision et sans le moindre document de secours sur la situation critique dans laquelle Internet mettait les divers secteurs artistiques et les artistes. Une fois exposées les mesures qu'il envisageait, il vint dire un mot à chacun et, quand mon tour arriva, Carla m'amena sur le terrain de l'astrologie, tant et si bien que je fus conduite à dire que son ciel natal à lui était beaucoup plus affectif que le sien à elle. Il abonda dans mon sens et tint à remplacer le mot « affectif » par celui de « sentimental ». Qu'il soit un grand sentimental, je n'en doutais pas une seconde grâce aux éléments particuliers d'information que l'astrologie donnait à ce sujet.

* * *

Le ciel de naissance de François Hollande est très différent, et ce ne sont apparemment ni l'affectivité ni la sentimentalité qui le mènent par le bout du nez ! Peu après l'interview avec Katie Melua qui me valut les foudres des internautes, notre futur Président fut l'invité de l'excellente émission *Des paroles et des actes*, au cours de laquelle un journaliste l'interrogea sur l'ISF, citant mon nom et les propos qu'il croyait que j'avais tenus sur le fait que cet impôt allait me mettre à la rue. François Hollande assura qu'il ne l'augmenterait pas et qu'il ne fallait pas que je m'inquiète. Je me sentis obligée de lui écrire un petit mot que je lui fis passer par une relation commune.

Quelques jours plus tard, ma maison de disques m'informa que Valérie Trierweiler, émue par mon cas, aurait convaincu son compagnon de me téléphoner. « Il va te contacter entre telle et telle heure, me précisa le directeur de la promotion, qui est aussi l'un de

mes meilleurs amis, tiens-toi près de ton téléphone. »
Était-ce un canular ? Curieusement, mon sixième sens
m'incita à ne rien attendre, et bien m'en prit, car de
coup de fil point il n'y eut. Je ne pus m'empêcher de
penser à Sarkozy, qui m'avait appelée sans tambour
ni trompette et avait pris le temps de me parler et de
m'écouter – quand je ne le contredisais pas trop.

Alors qu'il avait été élu Président, François Hollande se rendit à Bruxelles en train et mon fils, qui
voyageait dans le même wagon, alla le saluer. Ils
bavardèrent à bâtons rompus, me rapporta Thomas,
qui fut prié de me dire que je ne devais pas m'inquié-
ter ! Pour la petite histoire, Thomas est Gémeaux
ascendant Lion alors que François Hollande est Lion
ascendant Gémeaux, ce qui est un facteur possible de
bonne entente.

* * *

Revenons aux choses sérieuses ! Que veut-on ?
Que les gros revenus continuent d'être transférés à
l'étranger, quand l'État a plus besoin que jamais de
leur contribution fiscale majeure ? Veut-on que la taxation à 75 % des revenus annuels outrepassant le mil-
lion d'euros soit plus élevée encore ? Une toute petite
minorité a été concernée par cette mesure « symbolique », prise pour complaire au bon peuple de gauche
et qui n'a pas rapporté grand-chose. Or, le montant
confiscatoire de 75 % pénalisait les sociétés dont la
compétitivité vis-à-vis de leurs concurrents inter-

nationaux se voyait ainsi menacée, pour ne pas dire anéantie. Cette mesure idéologique et démagogique a eu comme effet immédiat la diminution spectaculaire des investissements étrangers en France dès 2013.

Parmi les sociétés concernées, les clubs de foot étaient en première ligne. Le football envahit nos écrans et passionne les foules – y compris les présidents de la République. Les enjeux financiers sont énormes et reposent tant sur le nombre croissant d'amateurs de ce sport que sur la qualité professionnelle des joueurs. N'est-il pas normal que ces derniers en recueillent le bénéfice – certes impressionnant pour qui gagne le SMIC mais imposé en conséquence et très inférieur à ce que les matchs rapportent au final ? Les clubs qui en tirent les plus gros profits se disputent à prix d'or les meilleurs joueurs, dont l'activité, tributaire de leur âge, est condamnée à être limitée dans le temps : demain, pour la plupart, ils retourneront à l'obscurité d'où ils sortent, plus nantis certes, mais avec quel avenir dès lors qu'ils ne sont pas Zidane ni Platini ?

Il ne s'agit pas de porter un jugement sur la façon, bonne ou mauvaise, morale ou amorale, dont les choses se passent, mais de regarder en face des réalités concrètes. La France est un pays trop petit et sa situation prête trop le flanc aux pires inquiétudes et aux pires critiques pour qu'elle donne le *la* de ce qui devrait être. Elle est le seul pays au monde à avoir gardé l'ISF, si contre-productif, diminué le temps de travail sans baisser le salaire en conséquence, voté des congés payés de cinq semaines, ruineux pour les entrepreneurs, dérangeants et hors de prix pour les particuliers qui ne prennent pas autant de vacances – le grand maximum partout ailleurs est de quatre semaines –, taxé à 75 % les très hauts revenus, le seul pays à ne pas avoir augmenté suffisamment l'âge de départ à la retraite, ou à ne pas parvenir à réduire le nombre excessif et toujours croissant de ses fonctionnaires ; tout cela se traduisant par la dépense publique la plus élevée d'Europe et par une pénalisation des entreprises qui plombent l'économie française et sont la cause majeure de son échec.

À force d'en entendre parler, on a fini par comprendre que le coût du travail, alourdi par les multiples charges qui financent notre modèle social, est plus élevé en France qu'ailleurs, la Suède, le Danemark et la Belgique exceptés. Pour rester compétitives, les entreprises françaises doivent délocaliser partout dans le monde où les travailleurs sont sous-payés et mal protégés. Quelle tragique ironie du sort que de nombreux ouvriers français dont l'emploi est menacé ou qui l'ont perdu se fient à des représentants syndicaux communistes, alors qu'une partie des délocalisations dont ils sont les premières victimes a lieu dans des pays de l'Est où la faillite économique, due à cinquante ans de régime communiste, continue de se traduire par un niveau de vie très inférieur à celui des pays de l'Ouest ! Quant à la Chine, si elle a choisi l'économie de marché, pour le reste, elle a maintenu le régime communiste. Les salaires très bas des travailleurs chinois permettent une production bon marché dont l'exportation met à mal celle, beaucoup plus coûteuse, de pays comme le nôtre qui ne sont pas à même de la concurrencer. Tout le monde achète du *made in China* sans même le savoir, parce que c'est moins cher que le reste.

La seule solution serait que les salaires deviennent équivalents pour un travail analogue partout dans le monde, et j'ai toujours pensé que cette évolution était inévitable à très long terme. Or, il en existe déjà quelques signes ! Grâce sans doute à l'essor de l'économie chinoise et à une plus grande ouverture sur le monde des travailleurs de ce pays, les exigences de ces derniers dans certains secteurs leur ont valu une augmentation salariale qui a amené quelques entreprises françaises établies en Chine à relocaliser en France[1]. Voilà qui fait briller une lueur d'espoir qui ne s'éteindra sans doute pas de sitôt !

C'est grâce aux mêmes ouvriers, déçus par la gauche mais ignorants en économie, que le Front national est arrivé en tête aux élections parlementaires européennes de 2014. En France, on ne veut pas savoir que l'Union européenne a été créatrice d'un nombre impressionnant d'emplois[2]. Ni que, 60 % de nos exportations ayant lieu en Europe, l'euro fort n'est pas la raison de nos difficultés économiques. Trop de Français croient

---

1. Entre autres, la société Lucibel a relocalisé l'une de ses usines en Normandie.

2. L'Union (à 15) aurait créé 23,9 millions d'emplois entre 1995 et 2008. Selon Jean-Claude Trichet, depuis 1999, la zone euro aurait créé 600 000 emplois de plus que les États-Unis.

que l'euro est responsable de l'augmentation des prix, alors qu'une enquête poussée a prouvé que non : en tenant compte de l'augmentation inévitable du coût de la vie, celle des prix aurait été la même si nous avions gardé le franc. Ils ne veulent pas savoir non plus que le retour au franc nous vaudrait une monnaie très faible, qui diminuerait certes le prix de nos exportations mais augmenterait d'autant celui de nos importations. Surtout, notre dette publique déjà abyssale atteindrait automatiquement des sommets – des gouffres plutôt – inimaginables, du fait qu'il faudrait la rembourser au cours élevé de l'euro avec un franc dont le cours serait ridiculement bas. Sans parler de nos créanciers qui n'auraient pas dans le franc la confiance qu'ils mettent dans l'euro et augmenteraient de façon catastrophique les intérêts avantageux qui en découlent. Bref, le retour du franc mettrait l'État réellement en faillite, et faire de l'euro et de l'Europe des boucs émissaires est une erreur monumentale qui nous perdrait si le FN arrivait au pouvoir et mettait en pratique ses idées économiques insensées !

* * *

Il y a des ordures parmi les « riches », comme il y en a partout, y compris chez les « pauvres », mais le réflexe d'hostilité que suscitent les premiers chez les militants de gauche et d'extrême gauche s'accompagne de jugements souvent aberrants. Reprocher par exemple aux privilégiés d'épargner leur argent et de ne pas assez contribuer à la bonne marche économique de leur pays, c'est ignorer que les établissements bancaires ont besoin de leurs portefeuilles et des investissements qu'ils permettent. C'est aussi ne pas tenir compte d'autres évidences. Leur train de vie implique un personnel plus ou moins important à rétribuer quoi qu'il arrive : chauffeur, jardinier, domesticité, secrétariat, cabinet fiscal, cabinet juridique, etc. Mine de rien, ce sont des emplois. Sans parler des associations caritatives qui les bombardent continuellement de demandes, et avec lesquelles ils se montrent souvent généreux...

En réalité, les classes moyennes « supérieures » font tourner des secteurs spécifiques de l'économie qui couleraient sans elles. Les très riches font tourner quant à eux d'autres secteurs auxquels ils sont les seuls à avoir accès. On peut le déplorer, mais ni les petits employés, ni les ouvriers, ni les classes moyennes aisées mais pas richissimes n'ont de quoi s'offrir les grands restaurants, les palaces cinq étoiles, les grands couturiers, les grands crus de Bordeaux ou de Bourgogne, les sacs Hermès, les montres Cartier, les voyages Air France en classe affaires, les berlines haut de gamme ou les produits alimentaires trop chers pour le reste de la population, etc. Même si l'un des rares secteurs français en bonne santé, celui du luxe, offre d'énormes débouchés sur le marché mondial, pourrait-il se passer de sa clientèle autochtone ? N'est-il pas souhaitable que de telles activités existent et continuent d'exister non seulement sur le plan économique – à cause tant de leur chiffre d'affaires que des emplois de tout niveau qu'elles impliquent –, mais aussi sur le plan du prestige et sur celui, non négligeable, de la part de rêve dont elles sont porteuses ?

* * *

Les fenêtres du triste deux-pièces de mes jeunes années donnaient sur un mur sinistre, mais il suffisait de sortir et de marcher une quinzaine de minutes pour échapper à la grisaille et qu'opèrent la magie des magnifiques immeubles et arcades de la rue de Rivoli sous lesquelles se nichent de pittoresques boutiques, ou la magie des cinémas du boulevard des Italiens avec leurs affiches colorées, et celle des grands magasins où il était possible d'entrer sans rien acheter ; c'était un vrai bonheur de s'attarder au rez-de-chaussée des Galeries Lafayette et du Printemps qui fleurait bon l'eau de Cologne et les savonnettes de marque.

Les grands magasins, c'était pour l'hiver. À la belle saison, notre grand-mère nous emmenait aux Tuileries, ma sœur et moi. Quand nous passions devant la pâtisserie de la rue Boissy-d'Anglas, nous nous arrêtions de longues minutes pour manger des yeux les appétissants gâteaux que la vitrine offrait à nos regards éblouis. Encore maintenant, les boutiques me fascinent, y compris les boulangeries-pâtisseries, et m'emplissent d'un sentiment de gratitude admirative pour les artisans qui les rendent si attrayantes.

J'aimerais me balader plus souvent dans le Marais,

dont les petites rues pavées et les très vieux immeubles si pittoresques aux murs penchés transportent dans un Moyen Âge sublimé. Ils voisinent avec des églises et des cloîtres parfois aussi anciens qu'eux, ainsi qu'avec des hôtels particuliers somptueux un peu plus récents. Là encore on trouve des tas de petites boutiques décorées avec un goût exquis, tout comme de jolis restaurants fleuris avec des poutres apparentes. Il y a aussi le XVIᵉ arrondissement de Paris, où j'ai la chance d'habiter désormais et où abondent les immeubles des années vingt et trente qui comblent mon goût immodéré pour le beau. Ce genre d'environnement me fait un bien fou et m'emplit également de reconnaissance pour les bâtisseurs du passé, car je dois à leur travail et à leur talent une forme de félicité qui m'est aussi indispensable que l'air pour respirer.

Que serait un monde d'HLM, sans quartiers résidentiels, sans belles maisons, sans élégantes limousines, sans commerces de standing, sans les rues joliment éclairées lors des fêtes de fin d'année ? Il ressemblerait probablement à la succession déprimante de vilaines maisons, laides et sales, toutes identiques, que je découvris pendant les *sixties* dans je ne sais plus quelle ville de l'Europe de l'Est et qui me donnèrent un aperçu partiel de la vie dans un pays communiste qui loge tout le monde à la même enseigne, ses dirigeants exceptés. Pareils à des réfectoires et n'offrant rien de bon à manger ou à boire, les restaurants de Berlin-Est au temps du Mur amplifièrent mon impression que partout où il sévit, le communisme crée une sinistrose généralisée. Mieux valent, me rétorquera-t-on, de vilaines cages à lapins ou la cohabitation avec d'autres gens dans quelques mètres carrés qu'être à la rue, mieux vaut faire la queue pour une mauvaise nourriture que mourir de faim… Sans doute, sans doute… Toujours est-il que, tandis que le niveau de vie augmentait dans les pays capitalistes, il restait désespérément bas dans les pays communistes.

Nul ne conteste qu'il faille davantage de logements sociaux, mais de grâce, que les responsables politiques ne laissent plus le champ libre à des architectes pseudo-modernes qui défigurent à coup d'immeubles *cheap* rivalisant de laideur les plus beaux quartiers d'une ville et cette ville elle-même. Il a déjà été prouvé que le manque de moyens n'implique pas obligatoirement une architecture du plus mauvais goût.

* * *

Au temps lointain de mon adolescence, j'aurais voulu être invisible pour satisfaire sans me faire remarquer ni déranger qui que ce soit mon envie d'admirer à loisir les belles dames et les beaux messieurs raffinés et pressés qu'il m'arrivait de croiser dans la rue, ainsi que leurs lieux de vie. Ils me donnaient l'étrange impression d'un monde hors d'atteinte, inconnu, féerique, qu'une sorte de glace sans tain séparait irrémédiablement du mien.

Progressivement, je pris conscience des disparités entre la peu enviable condition matérielle de mes dix-huit premières années et celle de personnes plus privilégiées dont l'aisance et l'élégance m'impressionnaient, sans m'inspirer pour autant le moindre sentiment d'injustice ou d'envie. Cela accentuait bien sûr la honte d'elle-même que ressentait l'adolescente sans grâce que j'étais, et dont la gaucherie, l'inculture et l'esprit de l'escalier, autrement dit le manque de conversation, n'arrangeaient rien. Mais ces disparités me semblaient dans l'ordre des choses et je ne me posais pas de questions. Je n'ai d'ailleurs pas beaucoup changé sur ce dernier point : comme tout le monde, la misère me choque et me désole, pas la richesse, dont je ne crois toujours pas qu'elle lèse qui que ce soit si elle n'a pas été mal acquise. Je vais même parfois jusqu'à penser que nous devrions remercier les riches pour tous les emplois qu'ils contribuent sinon à créer, du moins à maintenir, ainsi que de leur contribution fiscale si importante, sans laquelle notre service public serait pire qu'il n'est. L'angélisme est considéré comme une forme de stupidité, mais n'est-il pas préférable au sectarisme haineux ?

Les imprévus financiers tels que des frais médicaux, un manteau à acheter, un tribut à payer à l'école pour un pèlerinage, mettaient ma mère dans une situation impossible. Tout orgueilleuse qu'elle fut, elle devait s'humilier en appelant mon père pour lui mendier trois francs six sous et mon cœur se déchirait quand, de ma chambre, je l'entendais pleurer bien malgré elle au téléphone parce qu'il l'envoyait promener. Il ne l'aidait pas assez alors qu'il semblait en avoir les moyens. Peut-être était-il l'un de ces avares fortunés, incapables de donner ou de partager ? Il y en a, bien sûr, tout comme il y a des pauvres dont l'irresponsabilité – quelles qu'en soient les circonstances atténuantes – joue un rôle déterminant dans leurs difficultés.

Étrangement, le sentiment le plus cuisant de honte que j'aurai ressenti à propos de ma condition sociale, je le dois à une jeune vendeuse d'une boutique de prêt-à-porter de la rue de la Chaussée-d'Antin. La façon dont nous étions fagotées, révélatrice de notre pauvreté, nous valut, à ma mère, ma sœur et moi, un regard lourd d'un ostensible mépris quand nous osâmes franchir la porte vitrée de son minuscule sanctuaire. J'avais une quinzaine d'années et je lui en voulus, mais n'étais-je pas comme elle, au fond, en me focalisant un peu trop sur la magie supposée d'une haute société où je n'entrerais jamais et qui me paraissait tellement plus romanesque que le milieu étriqué dans lequel nous nous morfondions, cette jeune femme et moi ?

Mes fantasmes de petite fille naïve font sourire la femme d'aujourd'hui qui, toute sa vie, aura décliné les invitations aux cocktails, réceptions ou dîners « mondains », dont la superficialité ne débouche jamais sur quoi que ce soit d'intéressant. Les classes populaires, les classes moyennes plus ou moins aisées et les classes très riches maintiennent entre elles, autant les unes que les autres, des frontières encore plus infranchissables que celles d'avant le Mur entre l'Est et l'Ouest de l'Europe. Quel que soit le milieu social, on ne peut faire autrement que garder ses distances vis-à-vis des classes supérieures ou inférieures à celle dont on est issu.

***

C'est un lieu commun, les électeurs de droite comme ceux de gauche comptent dans leurs rangs autant de braves gens, de gens intelligents, que d'individus peu fréquentables ou d'imbéciles, et il en va de même chez leurs représentants politiques. Mais ceux de gauche se montrent la plupart du temps plus intolérants que ceux du bord opposé, dont j'exclus les extrémistes, qui ne sont que la partie malade, bornée et ô combien abêtissante du camp où ils se situent. Les gens de gauche semblent en effet habités par l'intime conviction non seulement de détenir la vérité, mais d'être altruistes et progressistes, ce qui les incite à considérer les gens de droite comme des arriérés mentaux égoïstes, réactionnaires et fascisants sur les bords, au point que ces derniers, surtout quand ils sont des artistes connus, préfèrent garder pour eux leur inclination politique. N'est-il pas étonnant que des gens dont la pensée politique se fonde encore sur de vieilles idées marxistes dépassées soient incapables de voir ce qu'il y a d'au moins aussi réactionnaire et conservateur chez eux ?

C'est hélas en train de changer, mais, pendant des années, les responsables de droite m'ont donné l'impression de ne pas passer leur temps à enfoncer ceux de gauche, y compris quand leurs discours et leurs initiatives s'y prêtaient le plus. Il m'est d'ailleurs souvent arrivé de penser que les premiers étaient de bien plus piètres communicants que les seconds. En même temps, cette distance ou cette indifférence apparentes, révélatrices sans doute de l'ignorance des attaques virulentes dont ils faisaient l'objet, me les rendaient plus sympathiques. Par exemple, ils ne se sont guère manifestés quand, pour faire plaisir à ses alliés communistes, François Mitterrand a mis deux ans à vider les caisses de l'État en nationalisant à tout-va et en abaissant l'âge de la retraite de soixante-cinq à soixante ans, alors qu'on savait déjà qu'une telle mesure ne serait pas viable à moyen terme. Il a fallu attendre une interview de Michel Rocard, en 2005[1], pour apprendre que François Mitterrand ne connaissait pas grand-chose à l'économie et que, devant les dégâts financiers considérables provoqués par ses premières mesures aussi idéologiques que brouillonnes et précipitées, il avait souhaité faire sortir la France du Serpent monétaire européen (SME). C'est le gouverneur de la Banque de France, qu'il avait l'obligation de consulter à ce sujet, qui lui imposa la voix de la raison. Contrairement à ce qui s'est dit depuis, Mitterrand n'a pas eu la « sagesse » de redresser la barre en 1983 : seule l'impasse dans laquelle son inconsé-

---

1. Michel Rocard, *Si la gauche savait. Entretiens avec Georges-Marc Benamou*, Robert Laffont.

quence avait mis le franc l'y a contraint en ne lui laissant aucune autre alternative. Mais, bien sûr, nous lui devons l'abolition de la peine de mort ainsi qu'une contribution majeure à la progression de la construction européenne. Et puis, sa personnalité énigmatique, sa classe, sa culture, son brio, son habileté, son charisme aussi, lui conféraient une dimension qui aura fâcheusement manqué à certains de ses successeurs.

* * *

La virulence systématique et sans relâche de la gauche vis-à-vis de l'homme à abattre, Nicolas Sarkozy, ne s'est pas calmée quand elle est revenue au pouvoir en 2012 : c'était à Nicolas Sarkozy seul qu'il fallait imputer l'état catastrophique de la France, l'accroissement considérable de sa dette et de son déficit. L'action du gouvernement Sarkozy-Fillon est loin d'avoir été irréprochable – aucune action gouvernementale ne l'est –, mais chaque fois qu'ils se laissent aller à ce genre de défoulement pour mieux masquer ou justifier leur propre inefficacité, les ministres de gauche et leur Président omettent soigneusement deux détails essentiels : dès son arrivée au gouvernement, en 2007, François Fillon constata que les caisses étaient vides, au point de déclarer qu'il était à la tête d'un État en faillite. Ensuite, la crise mondiale la plus grave depuis celle de 1929 a commencé au début du mandat de Nicolas Sarkozy, l'empêchant d'effectuer les réformes prévues et contribuant à augmenter la dette, comme cela a été le cas partout en Europe et ailleurs, réduisant davantage encore la marge de manœuvre trop étroite de tous les dirigeants.

Paralysé depuis le début de son mandat par l'incompatibilité radicale entre son idéologie – qui continue d'aveugler son électorat comme un bon nombre de ses représentants – et les réalités du monde actuel, François Hollande avait déclaré solennellement qu'il serait et ferait le contraire de son bouc émissaire de prédilection. L'ironie du sort a voulu qu'après s'être puérilement employé à défaire systématiquement ce qui avait été fait avant lui, il ait dû y revenir en partie. C'est secondaire, mais il s'est plus ridiculisé que son rival sur le plan privé. Soit dit en passant, dans quelle mesure cet homme sans séduction, sans charisme, n'était-il pas ravi au fond que la France entière sache qu'il trompait une femme très belle mais apparemment d'une jalousie excessive qui lasserait n'importe qui, avec une actrice d'une vingtaine d'années plus jeune que lui et aussi attirante que brillante ? N'a-t-il pas ressenti une petite satisfaction narcissique à passer pour un don Juan, alors qu'il en incarne le contraire ? Et tant pis si se laisser aller à ce genre de remarque témoigne d'un mauvais esprit manifeste. Se défouler de temps à autre ne fait de mal à personne, au contraire !

Fin août 2014, la formation d'un troisième gouvernement a été un véritable coup de théâtre sur lequel les médias se sont jetés avec leur rapacité habituelle. Rêvons un peu : si le Président Hollande applique enfin les mesures annoncées par son énergique Premier ministre, il y aura lieu de saluer son courage. Car, quand bien même les circonstances seules l'y auront forcé, il est courageux d'aller à l'encontre de ses convictions idéologiques personnelles et de se mettre à dos une partie importante de son propre camp en les sacrifiant sur l'autel des dures réalités de la mondialisation qui ont précipité l'échec économique de notre vieux pays et donné un coup fatal à une idéologie d'un autre temps. Mais, hélas, François Hollande a la fâcheuse et aberrante manie de prendre d'une main ce qu'il donne de l'autre, et mécontente ainsi tout le monde. Son électorat n'aura pas cessé de critiquer avec virulence les « cadeaux » accordés aux patrons, alors que, de leur côté, ces derniers n'en ont pas vu la couleur : non seulement leurs charges et leurs taxations ont incroyablement augmenté, mais le crédit d'impôt pour la compétitivité et l'emploi (CICE) s'avère trop compliqué à mettre en œuvre et le pacte de responsabilité ne prendra effet qu'en 2017 ! Comment s'étonner que le chômage, loin de baisser, ne cesse d'augmenter ?

Dans les années quatre-vingt-dix, Thierry Ardisson créa une nouvelle émission, *Télé zèbre*, dans laquelle il me confia une brève séquence astrologique où j'interviewais des personnalités diverses sur la base de leur ciel natal. Celui d'Alain Juppé me déconcerta. La conjonction Vénus-Saturne qui s'avère sa première dominante signe en effet le sentimental introverti davantage que le politicien ambitieux, cynique et manipulateur. Je le lui dis. « Les personnes qui me connaissent très bien savent que je suis ainsi », reconnut-il. Aujourd'hui, il me semble le seul capable de rassembler autant les électeurs de droite que ceux du centre et même certains déçus du socialisme, alors que Nicolas Sarkozy n'a toujours pas pris la mesure de la haine qu'il inspire à la moitié des Français et qui risque de lui être fatale. François Fillon est un très estimable candidat potentiel, et je déplore qu'il ne décolle pas assez dans les sondages. Juppé et Fillon, voilà deux hommes modérés, intègres, lucides, dotés d'un grand recul, grands serviteurs de l'État avant tout et soucieux de redresser leur pays quoi qu'il en coûte et quoi qu'il leur en coûte. Leur longueur d'onde et leur combat sont très proches. Que le meilleur gagne !

4

Ma perception de l'écologie
et de ses représentants

Je ne sais plus comment j'entendis parler du Club de Rome à la fin des *sixties*. Il s'agit d'un cercle de scientifiques, de hauts fonctionnaires, d'économistes de toute origine et de tout bord, préoccupés par les problèmes environnementaux ainsi que par les questions des limites de la croissance et de la surpopulation, qui en sont indissociables. C'était ma première rencontre avec l'écologie, et elle éveilla immédiatement ma curiosité et mon intérêt.

Je lus la plupart des livres publiés sur le sujet, et fis la connaissance de Brice Lalonde, responsable de la branche française des Amis de la Terre, une association écologiste fondée par l'Américain David Brower. Je me rappelle que j'arborais fièrement des T-shirts blancs où l'appellation « Amis de la Terre » s'étalait en vert vif. Brice Lalonde était – est – un homme fin, sensible, aussi modeste que modéré. Qu'il pleuve, qu'il vente ou qu'il gèle, il circulait toujours à bicyclette dans les rues de Paris, ce qui m'impressionnait beaucoup. J'étais acquise à sa vision du monde et à ses inquiétudes concernant l'avenir de la planète, m'étonnant juste qu'elles semblent si peu courantes, si peu partagées.

À partir de là, lorsque j'allais voter, je n'optais ni pour les candidats de droite ni pour ceux de gauche qui m'ennuyaient autant les uns que les autres, mais pour les rares partisans de l'écologie, qui, à ma grande déception, ne recueillaient qu'une minorité de suffrages. Et puis la naissance tant attendue de mon fils en 1973 fit de moi une femme comblée mais débordée, au point que pendant plusieurs années je cessai de m'intéresser aux multiples et graves dangers qui menacent notre planète.

Quand je finis par être un peu plus disponible, j'eus la mauvaise surprise de constater qu'en France, l'écologie avait été monopolisée par des gens qui, aussi bien intentionnés qu'ils soient, étaient très politisés et se situaient, pour la plupart, à gauche de la gauche. Aucune couleur politique particulière n'avait d'ailleurs été affichée jusque-là, et voilà que les représentants des écologistes s'alliaient désormais au Parti socialiste, avec lequel je me sentais encore moins d'affinités qu'avec le RPR ou l'UDF. Cela sentait la récupération politique à plein nez, et j'aurais été pareillement dérangée si l'alliance s'était opérée avec un parti de droite. Étant universelle, l'écologie devrait rester au-dessus des clivages politiques.

Heureusement, il restait Nicolas Hulot. Il était simple journaliste quand je l'avais reçu dans ma maison du XIVᵉ arrondissement pour une station radio-phonique, France Inter je crois. Il m'avait semblé maigre et dépenaillé, mais sympathique, et je n'aurais jamais imaginé qu'il deviendrait le meilleur défenseur, à ce jour, de la cause écologique et l'une des personnalités préférées des Français. Il a eu la sagesse d'écarter toute tentative de politisation et de mener ses combats non dans les antichambres du pouvoir, mais dans l'exploration infatigable du monde entier. Ses révélations à la télévision sur la détérioration bientôt irréversible de notre planète qu'il constatait *de visu* me bouleversaient. Son pouvoir de conviction était amplifié par la souffrance que, malgré sa retenue, son visage trahissait à l'évocation de l'énormité des dégâts déjà commis et de l'urgence à prendre les mesures qui s'imposaient pour préserver ce qui pouvait encore l'être.

Autant sa personnalité, intègre mais pas intégriste, était susceptible d'éveiller l'intérêt d'un maximum de Français pour l'écologie, autant l'arrogance et l'intransigeance des écologistes gauchistes et de leurs divers porte-parole surgis dans les année quatre-vingt-dix ne pouvaient qu'en rebuter une grande partie.

Cela dépasse l'entendement que, pour l'élection présidentielle de 2007, le mouvement Europe Écologie - Les Verts ait pu préférer Eva Joly à Nicolas Hulot, et gâcher ainsi ses chances d'un bien meilleur score électoral. Sur les écrans, Eva Joly apparut en effet comme une vieille coquette minaudante et maladroite qui agaçait sans duper son monde, tant il était notoire que ce juge implacable avait fait preuve d'une dureté quasi haineuse vis-à-vis des personnes tombées entre ses griffes, certes condamnables, mais qu'elle aurait dû traiter avec davantage de neutralité et de courtoisie. Il y a des gens auxquels on a envie de donner tort même quand ils ont raison et, pour moi, Eva Joly était de ceux-là. Derrière son caractère inquiétant, dont il y a lieu de croire qu'il aurait été tout aussi procédurier et justicier si elle avait passé sa vie à vendre des fleurs ou des bonbons, on sentait qu'elle n'avait pas digéré certaines frustrations, certaines humiliations, sur lesquelles il lui fallait prendre une revanche sous une forme ou une autre. Comme chez toutes les femmes apparemment castratrices, le ton de son propos restait entaché des comptes qu'elle semblait avoir à régler.

L'avènement de Cécile Duflot ne me parut pas à même d'attirer davantage l'électorat non acquis à l'écologie ! Ses combats pour l'environnement ont beau être d'une importance incontestable, comment ne pas être choqué par l'arrogance et le sectarisme de cette petite bonne femme, persuadée de détenir la vérité au point de ne pas vouloir entendre ceux qui ne pensent pas tout à fait comme elle ou qui contredisent ses assertions en leur opposant des faits et des chiffres incontournables ? Comment ne pas être irrité par sa logorrhée débitée sur un rythme de plus en plus précipité au point qu'on finit par avoir envie de la bâillonner pour qu'elle se taise enfin et nous laisse souffler ? Elle ne parle pas : elle glapit. Aveuglée par son idéologie gauchiste au point d'en perdre tout pragmatisme, elle a réussi en deux ans de participation au premier gouvernement de François Hollande à paralyser une partie du marché immobilier. Qu'ils me pardonnent, mais il m'est arrivé de me demander comment ses proches pouvaient la supporter, et d'espérer pour eux qu'elle ait dans sa vie privée un comportement aux antipodes de celui qui est le sien dans sa vie publique, propre à faire fuir n'importe quelle personne normale.

On vote *a priori* pour des idées, mais la personnalité et l'impression qu'elle vous donne comptent au moins autant, quitte à se tromper sur son compte et à cautionner des idées utopiques et nocives. Jean-Vincent Placé, politicien pur jus particulièrement rébarbatif, ou Emmanuelle Cosse, caricature ambulante de la matrone autoritaire et sûre d'elle, n'ont vraiment rien non plus qui soit susceptible de favoriser l'écoute bienveillante d'autres électeurs que les leurs. Comme on est loin de Nicolas Hulot, dont la personnalité, ô combien authentique et attachante, inspire confiance à tant de gens, ou même de Daniel Cohn-Bendit, que sa grande gueule et son sang chaud rendent tellement plus humain que nombre de ses collègues d'Europe Écologie. Contrairement aux réactions négatives que provoquent sans le savoir ces derniers, pour qui le terme guerrier de « militant » semble avoir été inventé, on ne zappe pas quand Hulot ou Cohn-Bendit s'expriment.

Une autre personnalité de haut niveau, Maud Fontenoy, dont l'authenticité ne fait aucun doute non plus, défend l'écologie en général, la préservation des océans en particulier, avec beaucoup de douceur, de modération, de pragmatisme et d'humilité. Son attitude calme, souriante, patiente, forçait l'admiration et l'adhésion lors d'une altercation télévisée entre elle et un journaliste, détenteur de la vérité lui aussi, qui agresse d'autant plus durement ses interlocuteurs qu'ils ne sont pas de gauche comme lui. Adepte par ailleurs du régime végétarien, ce chroniqueur donne l'impression que c'est le seul qui vaille non seulement pour la santé, mais pour l'avenir de la planète, et qu'il l'imposerait au monde entier si c'était en son pouvoir. Les réacs, ce sont les autres, lui est le progressiste qui voit beaucoup plus loin, est beaucoup plus intelligent qu'eux. L'autosatisfaction qui allume son regard à la fin de ses charges télévisées, quand il croit avoir définitivement acculé une victime parfois plus subtile qu'il ne l'imagine, évoque la jouissance sadique ressentie par certains à tuer avec des mots. Malheureusement, toutes ses victimes n'ont pas la hauteur de vues ni la solidité relative de la sensible Maud Fontenoy. Et il a beau se conforter dans l'illusion qu'il est un vrai gentil – ce qu'il est peut-être en dehors des plateaux –, les plus faibles, les plus faciles à abattre des invités peuvent très mal se remettre d'une mise en pièces humiliante qui ruine le projet qu'ils étaient venus défendre, quand elle ne sape pas pour longtemps le minimum de confiance en soi nécessaire pour relever la tête. Aussi brillant qu'intelligent, notre redoutable chroniqueur ne réalise pourtant pas comme son manque d'empathie lors de ses estocades mortelles le déconsidère, lui valant de la part de nombreux téléspectateurs le rejet viscéral de sa personne, quel que soit le bien-fondé d'une partie de ses jugements. Mais n'a-t-il pas beaucoup d'excuses, puisque c'est ce que la production lui demande, ce pour quoi elle le rétribue, et qu'il faut bien gagner sa vie, n'est-ce pas ?

* * *

Qu'il soit religieux, politique ou écologique, l'intégrisme est insupportable et ne témoigne pas de l'ouverture d'esprit de ceux qui en font preuve, souvent à leur insu. C'est d'ailleurs une tentation qui nous guette tous, moi la première, et dans laquelle nous tombons parfois lors de dîners trop arrosés, quand notre exaspération a été provoquée par telle ou telle mesure, tel ou tel propos, et que nous avons besoin de nous défouler ! Mais si ma première réaction peut s'avérer trop radicale, excessive, je me sens tellement en phase avec les personnalités modérées, calmes, objectives, sages, que le fond de mon tempérament est sans doute ainsi ou tend fortement à l'être.

Les représentants purs et durs de l'écologie expriment dans leur majorité des contradictions qui les discréditeraient si elles étaient mieux connues du grand public. Par exemple, ils se montrent intraitables sur la réduction du parc nucléaire et sur l'objectif final de sa suppression totale. Selon eux, deux moyens simples permettront de s'en passer : le développement des énergies renouvelables et les économies d'énergie.

En même temps, pour atténuer la pollution et remédier au réchauffement climatique, ils prônent la voiture électrique, ignorant manifestement que la multiplication de ce type de véhicules augmenterait les besoins en électricité au point que, même développées au maximum, les énergies renouvelables ne seraient pas en mesure de les satisfaire, d'autant moins que le rendement de plusieurs d'entre elles reste tributaire du temps qu'il fait.

La nécessité de réduire la pollution dans les villes – entre autres celle due aux particules fines de diesel, dangereuses pour la santé pulmonaire des citadins – en favorisant le marché de la voiture électrique s'accompagne de la volonté de développer les transports en commun pour qu'il y ait de moins en moins de voitures individuelles. C'était aussi l'objectif de Bertrand Delanoë, qui, tout en ne levant pas le petit doigt pour remédier à la saleté de Paris, s'est ingénié durant ses quatorze années de mandat à rendre la circulation parisienne encore plus infernale qu'elle n'était déjà. Cet objectif fait également partie de ceux d'Anne Hidalgo, son ex-bras droit et actuel maire de Paris.

Le recours à une sorte de collectivisme est une propension inhérente au gauchisme, qui n'aime rien tant que couper les têtes qui dépassent un peu trop à son goût ou pensent autrement. Sans être fortunés ni célèbres, les individualistes et les introvertis préféreront toujours ne pas se mêler au troupeau d'une façon ou d'une autre plutôt qu'emprunter les transports en commun, où, soit dit en passant, les vols et autres nuisances sont de plus en plus fréquents. Force est de reconnaître pourtant que nécessité doit parfois faire loi.

* * *

Les médias se sont chargés d'enfoncer le clou sur ce sujet scabreux, mais les écologistes se gardent bien d'évoquer de près ou de loin les conséquences plus que dommageables pour l'environnement du renoncement aussi radical que brusque de l'Allemagne au nucléaire, qui a contraint ce pays, beaucoup plus écologique que le nôtre, à rouvrir des centrales à charbon dont les émissions de gaz à effet de serre constituent une source majeure de pollution. Sur ce dernier point, on entend rarement dire qu'au réchauffement du pôle Nord correspond un refroidissement équivalent du pôle Sud. Il faudrait surtout qu'il y ait un véritable débat public entre deux catégories de scientifiques : d'une part, ceux qui sont persuadés que le réchauffement climatique est imputable aux émissions de gaz à effet de serre dues aux activités humaines, qui, partout dans le monde, utilisent majoritairement des énergies fossiles, dites sales ; d'autre part, ceux, tout aussi sérieux, qui pensent que ce réchauffement est à mettre en rapport avec les grands cycles climatiques, contre lesquels on ne peut rien. À l'appui de leur thèse, ils avancent que, lors des périodes d'augmentation importante des émissions de gaz à effet de serre, le réchauffement climatique n'a pas progressé en conséquence. Affaire à suivre et à élucider.

Sait-on par ailleurs que, aussi aberrant cela soit-il, ni les membres du gouvernement ni les écologistes ne se sont préoccupés du financement de la première phase de la transition énergétique convenue entre ces derniers et François Hollande, qui commencerait par la suppression de plusieurs réacteurs de la centrale de Fessenheim, en Alsace ? Or, ce financement s'avère d'ores et déjà ruineux sur plusieurs plans, entre autres en raison des indemnisations d'EDF et de ses partenaires allemand et suisse, des nombreux emplois qui seraient détruits et du manque à gagner fiscal qui en résulterait, en particulier pour les collectivités territoriales, sans parler des très gros investissements effectués par EDF peu avant cet accord pour que la sécurité et l'efficacité de cette vieille centrale soient irréprochables pendant plusieurs décennies encore. Il est incroyable que les députés socialistes aient donné le feu vert à cette première phase sans s'informer le moins du monde sur son coût exorbitant !

Le coût de la suite du programme de transition énergétique, aux termes duquel le parc nucléaire serait réduit de moitié d'ici à 2020, tournerait autour de 40 milliards d'euros, alors que le gouvernement, qui devrait réduire la dépense publique d'au moins 7 points, n'a toujours rien fait dans ce sens et que, grâce à la bonne marche de l'économie américaine, l'augmentation des taux d'intérêt se précise de plus en plus ! Il serait urgent et essentiel qu'une étude chiffrée soit faite qui mette en balance le coût de la réduction du nucléaire et le nombre de pertes d'emplois occasionnées avec celui du développement des énergies renouvelables et le nombre d'emplois ainsi créés – hélas pas au même endroit et ne requérant probablement pas les mêmes compétences. Sans oublier l'augmentation de la facture EDF pour les usagers. Il semblerait décidément qu'en France nous marchions sur la tête – celle de l'idéologie verte en l'occurrence...

Un mot sur la question du gaz de schiste, une énergie dite plus propre que le pétrole ou le charbon. *A priori* seulement, car aux États-Unis, son extraction a souvent provoqué la pollution des nappes phréatiques, avec des conséquences effroyables pour les populations concernées, qui n'ont plus d'eau potable. Même topo pour les agriculteurs si heureux de gagner quelques dollars grâce à la vente d'arpents de terre aux sociétés qui exploitent cette nouvelle énergie, et qui se retrouvent avec un sol et des cultures pourris, un bétail malade, eux-mêmes ayant aussi de gros problèmes de santé.

De nombreux débats entre partisans et adversaires de l'exploitation de cette énergie en France ont lieu régulièrement. N'est-il pas curieux que ni les uns ni les autres ne songent à mentionner la différence formidable de superficie entre les deux pays ? Celle, gigantesque, des États-Unis permet en effet le forage de vastes étendues, alors qu'en France les possibilités sont extrêmement limitées. On ne va pas déloger les gens de chez eux, ou réduire les espaces dévolus à l'agriculture, ou ceux requis par l'implantation des éoliennes – qui seront toujours plus nombreuses, malgré la dénaturation du paysage par ces grands moulins à vent qui semblent sortis d'un film de science-fiction. Le principe de précaution et les dégâts catastrophiques et irréversibles constatés aux États-Unis justifient amplement le refus des écologistes de ce type d'exploitation. Espérons que les lobbies qui y poussent n'auront jamais gain de cause !

Par ailleurs, on ne peut qu'être d'accord avec l'incitation à adapter les logements aux économies d'énergie. Malgré des mesures incitatives d'allégement fiscal, ces modifications dans les habitudes de vie ne sont malheureusement pas données ! De plus, elles sont inadaptables aux immeubles anciens. Quelques revues publient régulièrement les photos d'édifices neufs, construits dans le respect des nouvelles normes environnementales. Comme il serait judicieux que cela n'implique pas dans quasiment tous les cas une laideur architecturale qui défigure de façon consternante la ville ou le paysage !

* * *

Malgré les pulls et les écharpes, parfois même la doudoune, je confesse avoir froid en dessous de 22 degrés, et finir par monter mon chauffage d'appoint. La frilosité caractérise souvent les longilignes maigres, et encore plus quand ils sont malades. J'ai quand même tendance à culpabiliser chaque fois que j'entends que la température chez soi ne doit pas dépasser 19 degrés. Mes quelques tentatives ayant été infructueuses, j'y ai renoncé. Vaut-il mieux que je fasse ce genre d'économie ou que je tombe encore plus malade, ce dont la Sécurité sociale n'a pas besoin ?

Selon les Verts, si tout le monde s'efforçait de réduire ses dépenses en énergie, tout irait mieux. Peut-être, mais à condition de stopper en même temps la croissance démographique française et mondiale, ainsi que la sortie des pays dits émergents de la misère et l'amélioration progressive du niveau de vie de leurs habitants, qui s'accompagne inévitablement de besoins énergétiques accrus.

Manifestement, les Verts sont affligés du même grave défaut que leurs alliés socialistes et que la gauche, tous partis confondus : une forme d'autisme qui les fait fonctionner comme si la France était seule au monde. Même s'il y a un commencement à tout et si tout changement commence obligatoirement par soi-même, ne pas assez tenir compte du reste du monde peut rendre les mesures préconisées ridiculement vaines à l'échelle planétaire en même temps que nuisibles à l'économie nationale, sans parler du fait que les Français sont loin d'être disposés aux gros sacrifices auxquels les Allemands ont consenti quand cela s'avérait nécessaire. Et puis, parallèlement aux dépenses exorbitantes impliquées tant par l'indispensable rénovation du parc nucléaire que par sa diminution, la transition énergétique suppose des investissements colossaux. Les caisses désespérément vides de l'État ne facilitent guère de tels financements, d'autant moins que la dette et le déficit publics, d'ores et déjà insoutenables, ne cessent d'augmenter.

* * *

Au final cependant, partout dans le monde, l'action des mouvements écologistes, soutenue par les recommandations et informations continuelles des médias, a fait prendre conscience aux politiciens et à leurs concitoyens de la nécessité impérative de protéger l'environnement. On assiste ici et là à des changements de bon augure qui installent de nouvelles habitudes, une nouvelle façon de vivre, et posent les bases d'une rupture définitive avec celles du passé.

Entre autres phénomènes qui gagnent du terrain, il y a la végétalisation des villes par la reconquête de la nature, en créant des jardins là où c'est possible et en cultivant des légumes et des herbes aromatiques sur le toit des immeubles qui s'y prêtent.

On assiste parallèlement à la multiplication un peu partout d'initiatives d'agriculteurs – cultivateurs, fermiers, éleveurs, viticulteurs, etc. – qui font discrètement « la révolution verte » en prenant le contre-pied de l'agriculture intensive. Parmi eux, Emmanuel Giboulot poursuit la conversion initiée par son père à la biodynamie, consistant à régénérer les sols avec des microorganismes, à bannir l'usage des pesticides sauf en cas de force majeure, à fabriquer des engrais avec du compost et à traiter les vignes avec des produits naturels à base de sels minéraux ou de plantes telles que l'ortie, la camomille, l'achillée, les fougères… Contrairement à ce qui se passe pour les vignes ou autres cultures toujours plus inexorablement affaiblies par les produits chimiques polluants, les sols des vignobles traités par la biodynamie sont à nouveau sains, l'écosystème est redevenu normal, les prédateurs nuisibles ont diminué au profit des insectes pollinisateurs capables, le cas échéant, de les détruire, les vignes s'avèrent plus vigoureuses, plus résistantes, et la qualité des raisins puis des vins est également au rendez-vous.

En 2013, un arrêté obligea tous les viticulteurs à traiter préventivement leurs vignes avec des insecticides toxiques afin de les protéger d'une nouvelle maladie transmise par un insecte de la famille des cigales. Emmanuel Giboulot s'y est refusé, a été jugé et condamné. Mais cette situation surréaliste lui a valu le soutien de 3 000 vignerons bourguignons ainsi que des 130 000 personnes qui ont signé une pétition en sa faveur. Les spécialistes, mais d'autres aussi, s'indignent à juste titre que la direction régionale de l'Alimentation, de l'Agriculture et de la Forêt s'entête à imposer l'utilisation systématique de pesticides hautement toxiques, alors que l'on connaît de mieux en mieux les dégâts qu'ils provoquent sur l'environnement et sur la santé humaine, ainsi que la façon tragique dont cela se retourne au final contre ce qu'ils étaient censés protéger !

* * *

Ceci découlant de cela, l'importance de la qualité et de l'équilibre alimentaires progresse dans les esprits, et les impératifs écologiques sont dorénavant un argument de vente pour l'industrie agroalimentaire. On ne compte plus les produits dont le label bio – AB, Écocert, etc. – est destiné à rassurer autant qu'à attirer la clientèle et les personnes soucieuses de ne pas faire de leur corps une poubelle – comme c'est mon cas depuis des décennies, et d'autant plus que ma fragilité digestive m'y contraint quoi qu'il arrive.

Les industries cosmétique, pharmaceutique, textile, et, au final, des secteurs économiques toujours plus nombreux ont commencé à intégrer les impératifs écologiques. L'hôtellerie de luxe, par exemple, en tient compte pour améliorer sa compétitivité, que ce soit sur le plan de la restauration ou des matériaux utilisés pour la décoration. Les investissements importants que cela entraîne sont évidemment destinés à satisfaire une clientèle richissime particulièrement exigeante. Quant au citoyen qui a les moyens de faire construire ou de rénover de fond en comble une vieille ferme, une longère ou une bâtisse désaffectée, il tient compte dans la mesure de ses possibilités des normes environnementales, en particulier de celles qui concernent les économies d'énergie. Leur mise en œuvre représente de gros frais supplémentaires dans un premier temps, mais s'avère rentable par la suite.

Un document des plus réconfortants a été diffusé par une chaîne télévisée sur l'école en piteux état d'un village breton. Ne comptant que sur eux-mêmes, le maire et les habitants l'ont reconstruite dans le respect des normes environnementales, avec des panneaux solaires qui procurent toute l'énergie voulue. L'école est ainsi devenue un lieu hautement convivial, aussi agréable que sain à vivre, où de charmantes maîtresses, apparemment non politisées, sensibilisent déjà les bambins aux problèmes de l'environnement et à l'obligation impérative de le respecter.

Quel dommage que les représentants français officiels de l'écologie mettent trop en avant la transition énergétique ou leurs exigences sociales de gauche, aux dépens d'autres problèmes majeurs qu'ils sont si bien placés pour dénoncer, en priorité celui des pesticides qui polluent les sols, l'eau, l'alimentation, et s'avèrent plus dangereux que le nucléaire pour toute forme de vie. Mais restons positifs. Récemment, Nicolas Hulot créait la surprise en se montrant plus optimiste qu'à son accoutumée à l'évocation du centre international de recherches sur l'écologie qui se trouve dans le Colorado et qui réunit les meilleurs chercheurs du monde entier. «Les choses vont très vite, tout s'accélère», a-t-il assuré. Puisse-t-il être optimiste à bon escient !

* * *

Non polluantes, les médecines alternatives, qui ont pris un grand essor depuis une trentaine d'années, sont trop ignorées ou vilipendées par la médecine officielle, très polluante. Je pense en particulier à la phytothérapie, une médecine de terrain, globale par conséquent, dont les spécialistes sont rares. J'ai la chance de connaître l'un des plus éminents, le docteur Jean-Claude Lapraz, un médecin qui pratique un examen clinique complet – une habitude indispensable, disparue depuis longtemps de la plupart des cabinets médicaux – et ne consulte que sur la base d'un bilan sanguin plus précis, plus exhaustif que ceux dont se contentent ses confrères allopathes. Il prend le temps non seulement d'examiner ses patients des pieds à la tête, mais aussi de les écouter. Ses consultations durent souvent plus d'une heure, alors que ses tarifs sont les mêmes que ceux de n'importe quel spécialiste.

Ce phytothérapeute a publié dans l'indifférence générale un passionnant livre de fond aux Éditions Odile Jacob[1]. Aucun média ne l'a mentionné, ni invité l'auteur à venir en parler, sous-estimant le nombre de gens dont un tel sujet aurait retenu l'attention.

Nul n'est prophète en son pays, et on prend très au sérieux ce grand médecin un peu partout dans le monde, aux États-Unis, au Mexique, en Grande-Bretagne, en Tunisie… Aux États-Unis, il travaille avec un institut de cancérologie. Au Mexique, où la végétation, encore riche et diversifiée, ouvre d'extraordinaires possibilités pour l'élaboration de remèdes tant connus que nouveaux, le docteur Lapraz forme des thérapeutes et prodigue son enseignement à des chercheurs et à des pharmaciens. Sans cesse par monts et par vaux, il initie des professionnels de la santé ouverts et curieux à une

---

1. *La Médecine personnalisée*, 2012.

approche médicale méconnue. N'est-il pas désolant que son audience soit quasi inexistante en France ?

Les traitements ou les remèdes des médecines telles, entre autres, que la phyto-, l'homéo-, l'ostéopathie, sont sans aucun danger pour l'environnement. Il est hautement inquiétant que l'on trouve désormais dans les rivières et même dans les nappes phréatiques non seulement des résidus de phytosanitaires – pesticides et autres –, mais aussi des traces de médicaments chimiques dangereux tels qu'hormones, antibiotiques, bêtabloquants, anti-inflammatoires, etc. L'élevage intensif, qui va de pair avec l'administration massive au bétail de médications chimiques, cause une pollution des eaux plus dramatique encore que celle qui est due aux êtres humains. Même si ces résidus sont encore infimes – pour combien de temps ? –, leur absorption chronique pose la question de la corrélation entre ce type insidieux de pollution et les modifications anormales dont la faune montre déjà des signes. Il n'est pas exclu non plus qu'il y ait là, au moins en partie, un début d'explication de la progression inquiétante de la stérilité et de la calvitie chez les jeunes gens.

À propos de l'élevage intensif, rappelons que les végétariens ne cessent de dénoncer – à tort – la consommation de viande comme source majeure des cancers et des problèmes cardio-vasculaires, qui sont les deux premières causes de mortalité dans les pays occidentaux. L'être humain est omnivore et la viande apporte des éléments essentiels à la santé qu'on ne trouve pas ailleurs. Ce n'est pas la viande qu'il faut incriminer, mais la façon dont on a transformé l'alimentation carnée en bourrant les animaux d'hormones et d'antibiotiques, en leur donnant une nourriture contre nature et en les élevant dans une promiscuité, puis en les abattant avec une barbarie dignes du Moyen Âge. Il s'agit là d'une maltraitance pure et simple qui les empêche de se développer et de vivre normalement ! Ces aberrations qui ont pour but de réduire les coûts de production et de vente produisent une viande bon marché, certes, mais de très mauvaise qualité et dangereuse pour la santé. C'est pire encore quand une telle viande est transformée en charcuteries (saucisses, saucissons, merguez, chorizo, etc.), ou incorporée à des plats préparés comportant toutes sortes d'ingrédients nocifs : sel en excès, conservateurs, renforçateurs de goût, colorants, graisses hydrogénées...[1]. Pour les mêmes raisons d'élevage intensif et de pollution des mers, le poisson n'échappe pas à ce problème et presque tous ceux que nous consommons sont, autant que la viande, chargés de résidus toxiques, cancérigènes à long terme.

Tout comme l'hématologue-oncologue qui me suit, mon phytothérapeute me recommande la consomma-

---

1. La consommation excessive de viande, même de qualité, pose de toute façon le problème de la grande quantité de céréales et d'eau nécessaires à l'élevage d'un animal et de l'émission de gaz à effet de serre par les bovins. Il ne faut pas éradiquer cette précieuse source de protéines, mais convaincre les amateurs d'en consommer moins en favorisant la qualité, même si celle-ci a un prix.

tion régulière de protéines animales, en particulier de viande rouge, source importante de fer, ce qui est essentiel pour quelqu'un qui en manque autant que moi ! J'ai d'ailleurs dû subir plusieurs fois des perfusions de fer qui m'ont rendue malade pendant une quinzaine de jours. Les végétariens ont beau jeu de nous brandir la richesse en fer de certaines légumineuses. Hélas pour eux, non seulement les quantités en sont peu assimilables et au moins vingt fois inférieures à celles que contiennent la viande rouge et quelques autres protéines animales.

* * *

Les thérapies dites alternatives s'avouent impuissantes devant des maladies gravissimes telles que la plupart des cancers, mais leur apport est susceptible d'aider le malade à supporter les effets secondaires des traitements lourds – le docteur Lapraz suit de nombreux cancéreux –, mais pour le reste ? La médecine allopathique mesure-t-elle les dangers qu'elle fait courir à ses patients en leur prescrivant, entre autres, des traitements hormonaux cancérigènes censés ralentir le vieillissement ? De leur côté, les gens réalisent-ils qu'en prenant des médicaments de synthèse au moindre problème ils contribuent en partie à la pollution de l'environnement, sans parler de ce qu'ils infligent à long terme à leur corps ? Pour ne citer qu'un exemple, le foie, souvent surmené par une alimentation déséquilibrée, met très longtemps à éliminer le paracétamol. Et sait-on assez que le décès de plusieurs milliers de personnes âgées lors de la canicule de 2003 était dû à la concentration inhabituelle des nombreux médicaments pris au quotidien, certains s'avérant incompatibles entre eux ? Cette concentration fatale résultait de la chaleur excessive aggravée par le manque d'hydratation – les gens âgés n'ayant pas soif et ne buvant pas suffisamment.

Afin de calmer un bébé qui dérange leur sommeil ou leurs ébats, de jeunes mamans inconscientes n'hésitent pas à mettre quelques gouttes de tel ou tel somnifère dans son biberon et font avaler par la suite à leurs jeunes enfants des antibiotiques au moindre mal de gorge ou autre... Les campagnes publicitaires menées pour expliquer que les antibiotiques ne sont pas antiviraux mais antibactériens ont contribué à en réduire l'utilisation systématique mais trop de gens continuent d'y avoir recours sans se poser de questions, alors qu'il est avéré que leur usage intensif depuis des décennies a fini par les rendre inefficaces en provoquant une résistance irréversible des bactéries visées.

Médecine officielle et médecine alternative sont complémentaires. On ne peut se passer de la première en cas de maladie grave, mais son inconséquence et sa nocivité en ce qui concerne les troubles bénins reviennent à utiliser l'artillerie lourde pour se débarrasser d'une mouche. Axée sur le court terme, elle va au plus pressé et cherche à éradiquer les symptômes, sans s'occuper de leurs causes profondes ni des effets secondaires de traitements jamais anodins, qui sont les mêmes pour des malades qui, bien que souffrant apparemment des mêmes maux, sont très différents les uns des autres. C'est exactement l'inverse pour la seconde, personnalisée et préventive. Elle cherche d'abord à améliorer et à fortifier le terrain pour qu'il conserve ou retrouve son équilibre, gère mieux ainsi ses symptômes et, dans l'idéal, en vienne à bout. Mais c'est une médecine du long terme, déconseillée quand il faut agir vite pour sauver un malade.

La toute-puissance de la médecine allopathique va de pair avec la fermeture rigide d'une majorité de ses praticiens à ce qui sort de leur sacro-saint cadre médical. Aussi écrasent-ils de leur mépris les médecines alternatives, en soulignant leur inefficacité absolue alors qu'ils n'en ont jamais expérimenté une seule et en ignorent tout. Ils accusent parallèlement les confrères qui les exercent d'abuser de la crédulité de leurs patients et de mettre leur vie en danger, sans s'efforcer de distinguer les charlatans des médecins compétents, qui sont les premiers à diriger vers la médecine officielle dès qu'une pathologie s'avère trop lourde.

Cette situation est d'autant plus regrettable que tout le monde, les malades surtout, gagnerait à ce que les deux médecines, qui ont tant à s'apporter, travaillent de concert, dans le respect de leur approche et de leurs apports respectifs.

* * *

On ne peut passer en revue tous les sujets sur lesquels les leaders d'Europe Écologie ne mettent pas assez l'accent. Les problèmes qui se posent à notre planète – en particulier celui, tabou, mais primordial, de la surpopulation – sont si nombreux et incommensurables que même avec la meilleure volonté du monde, on ne les résoudra jamais tous. D'autant moins qu'on a commencé à s'en soucier trop tard, alors que si l'on avait tenu compte des premières mises en garde, il aurait été plus simple de les limiter, et même d'éviter certains d'entre eux, ce qui, hier comme aujourd'hui, n'aurait été efficace qu'à l'échelle mondiale. Au mieux, on est quand même en droit d'espérer que les problèmes environnementaux les moins complexes commenceront à diminuer dans les temps prochains. Politisés ou non, les écologistes s'évertuent infatigablement à développer la conscience de leurs concitoyens. Grâces leur soient rendues pour cela.

5

Lectures

Mon enfance a été solitaire, entre une maman célibataire qui travaillait à mi-temps et une sœur plus jeune d'un an et demi avec laquelle je ne m'entendais guère et que je considérais égoïstement comme une intruse dans ma relation fusionnelle avec ma mère. Nous vivions rue d'Aumale, à Paris, dans un deux-pièces dont les fenêtres donnaient sur une vilaine petite cour surplombée par un vieux mur gigantesque qui empêchait de voir le ciel. La salle à manger était uniquement utilisée pour les fêtes de fin d'année, quand mes grands-parents venaient déjeuner – un événement dans ma vie de petite fille où si peu de choses se passaient. En temps normal, cette pièce servait de chambre à ma mère, tandis que ma sœur et moi partagions l'autre pièce.

Enfant déjà, j'avais viscéralement besoin d'un espace à moi, dont seul mon bureau était susceptible de tenir lieu. Aussi en prenais-je un soin jaloux. Doté d'une tablette rabattable, ce petit meuble tout en hauteur comportait plusieurs étagères où je rangeais avec précaution et amour les précieux contes et romans offerts chaque année pour Noël. C'était mon jardin secret. Ni ma mère ni ma sœur, qui avait le même bureau et se montrait aussi brouillonne que moi méticuleuse, n'auraient eu l'idée de mettre le nez dans mon minuscule mais sacro-saint territoire.

Aussi loin que je me souvienne, la lecture aura été mon seul refuge, ma seule source d'évasion et de rêve. Elle l'est toujours. Ma mère, qui lisait peu, s'employait de son mieux à satisfaire ma boulimie livresque et, pour pallier l'insuffisance de ses moyens, m'inscrivit à la bibliothèque du quartier.

Tout ne m'intéressait pas, et je réaliserais des années plus tard, non sans étonnement, que les histoires qui captivent un enfant sont celles qui lui ressemblent, celles dont le personnage central a les mêmes inhibitions, ambivalences, appréhensions, exigences, que celles qui se développeront peu à peu chez lui et détermineront ses problèmes comme ses choix d'adulte et, finalement, sa vie entière. N'est-il pas troublant que l'inconscient d'un enfant l'attire spontanément vers les romans qui révèlent sa personnalité profonde, alors qu'elle n'est pas encore formée et qu'il n'aura peut-être jamais l'opportunité de la connaître lucidement un jour ? Dis-moi ce que tu lis et je te dirai qui tu es...

Ainsi, je fus autant fascinée que bouleversée par *La Petite Sirène* d'Andersen, dont l'héroïne accepte les terribles sacrifices imposés par la sorcière qu'elle a chargée de la métamorphoser en femme afin de la rapprocher de l'être humain pour lequel elle éprouve un amour impossible. Elle finit par se sacrifier elle-même quand elle se trouve dans l'obligation cornélienne de choisir entre le bonheur de son prince charmant et le sien propre. J'eus donc très tôt un aperçu de l'Amour avec un grand A.

Le premier sacrifice consistait à accepter que les jambes tant souhaitées par la petite sirène et qui remplaceraient par magie sa queue de poisson la fassent souffrir à chaque pas. Malgré l'amour envahissant et inconditionnel que je vouais à ma mère et qui me valait de terribles angoisses quand elle était en retard ou malade, malgré mes affreux déchirements et mes longues crises de sanglots, à l'insu de ma sœur et de mes grands-parents, chaque fois qu'il fallait me séparer d'elle pour les petites ou grandes vacances, je ne savais pas encore que les exaltations, les transports, les bonheurs ineffables de l'amour, impliquent à chaque instant une souffrance équivalente.

Quand la petite sirène touche le fond du désespoir parce que son prince est amoureux d'une autre, elle se refuse à le poignarder, condition *sine qua non* imposée par la sorcière pour retrouver sa vie insouciante et sa famille chaleureuse d'antan. Son abnégation fait d'elle une vague parmi une infinité d'autres, destinée à se perdre sur le rivage, à n'être plus personne finalement.

Comme ces images symboliques d'Andersen sont parlantes ! Le sentiment amoureux ne se traduit-il pas par un effacement de soi au profit de l'être idéa-

lisé, devenu tout au point de se sentir comparativement d'une douloureuse insignifiance, et l'inexorable
condamnation à court ou moyen terme de l'état de
grâce dans lequel il met d'abord n'anéantit-elle pas
toute envie de vivre quand elle se concrétise ?

En allant plus loin encore, chaque petite mort
qu'est la fin d'un amour ne préfigure-t-elle pas la
fin de la vie elle-même ? La disparition définitive
de notre personne physique a-t-elle jamais été autre
chose qu'un renoncement ultime à tout ce qui nous
rattachait à l'existence, couronnant ainsi la série des
renoncements douloureux successifs inhérents à la
condition humaine ?

* * *

Je me focalisai ensuite sur deux martyrs du livre
mythique *Fabiola*, signé par un certain cardinal Wise-
man : saint Pancrace et saint Sébastien. Le premier,
que j'imaginais blond aux yeux bleus, mourait dans
l'arène la gorge transpercée par les griffes d'un fauve,
le second, aux yeux noirs et aux longues boucles
brunes, était suspendu par les pieds à un arbre et criblé de flèches. Pourquoi cette fascination ? Sans doute
parce que, là encore, il s'agissait de renoncement à
soi-même, à sa vie, à tout, au profit d'un amour, celui
de Dieu ou de Jésus, abstrait, hors d'atteinte et sujet
aux idéalisations les plus irrationnelles.

* * *

Il me semble que dès l'enfance j'aurai lu chaque jour de ma vie, mais peu de lectures m'ont laissé un souvenir durable. Oubliés les nombreux livres de la Bibliothèque rose ou verte. Oubliées les sagas telles que la série des *Brigitte* de Berthe Bernage ou *Les Thibault* de Roger Martin du Gard qui m'avaient tenue en haleine pourtant, oubliés de gros pavés moins palpitants comme *La Mousson* de Louis Bromfield et *Autant en emporte le vent* de Margaret Mitchell – que l'adaptation cinématographique me remettrait par la suite en mémoire.

Il me faut faire un saut dans le temps pour passer de mon enfance à ma préadolescence, profondément marquée par trois romans : *Rebecca* et *Ma cousine Rachel* de Daphné du Maurier, ainsi que *Jane Eyre* de Charlotte Brontë. Il y a de nombreux points communs entre *Rebecca* et *Jane Eyre*, dont Daphné du Maurier a dû s'inspirer, et j'ai longtemps plus ou moins confondu les deux histoires et les deux héroïnes. Je m'identifiais entièrement à ces jeunes femmes subjuguées par l'homme énigmatique et solitaire, propriétaire d'un vaste domaine aussi mystérieux que lui, qui les engage l'une comme institutrice de sa jeune pupille, l'autre comme gouvernante. Leur manque de confiance en elles, aggravé par leur infériorité sociale, les oblige à garder secret l'amour désespéré que leur inspire cet homme inaccessible qu'elles croient incapable de s'intéresser à une femme aussi insipide qu'elles, alors que l'un semble sur le point d'épouser une beauté altière de son milieu et l'autre ne pas se remettre du deuil d'une épouse dont la beauté rare, selon les témoins, coexistait sans doute avec des qualités de cœur et d'intelligence tout aussi rares.

Je manquais de la maturité nécessaire pour apprécier la qualité littéraire de ces inoubliables romans et, quand j'appris qu'il s'agissait de chefs-d'œuvre de la littérature anglaise – qui en compte tellement –, je réalisai que, au-delà de leurs attachantes héroïnes, la parfaite adéquation entre l'intrigue romanesque, sa structure, le style de sa narration et la subtilité de la réflexion, avait dû contribuer à l'indélébilité de la marque laissée en moi par ces deux livres qui, lors de leur relecture récente, m'ont paru encore plus remarquables que dans mon souvenir et ont provoqué le même phénomène d'identification qu'une cinquantaine d'années plus tôt.

* * *

La jolie maison de la famille Welser, à Plumeshof, où ma sœur et moi avons passé nos grandes vacances une douzaine de fois, était typiquement tyrolienne avec ses tuiles rouges, ses murs blancs et ses persiennes vertes percées d'un cœur. Elle jouissait d'une situation idéale, en haut d'une colline et au milieu d'une grande prairie cernée par une forêt de sapins. De hautes montagnes de toute beauté entouraient la colline et l'ensemble surplombait la vallée encaissée de l'Inn, où se trouve la ville d'Innsbruck.

Nous nous y rendions à pied une fois par semaine,

ma sœur et moi, dans l'espoir que l'un des films pro-
grammés ne serait pas interdit aux moins de douze
ans et que nous pourrions entrer dans un cinéma,
lieu encore magique pour nous et auquel nous avions
si rarement accès à Paris. Nous allions aussi emprunter des livres à la bibliothèque de l'Institut français.
C'est ainsi qu'à l'âge de quatorze ans je découvris
une partie de l'œuvre de Simone de Beauvoir, que
je lus avec passion. Sa réputation sulfureuse avait dû
éveiller suffisamment ma curiosité pour me donner
envie de connaître ses écrits, mais mon immaturité
se posait là et je m'étonne aujourd'hui d'avoir été
autant intéressée par les *Mémoires d'une jeune fille ran-
gée* ou *La Force de l'âge*. En relisant bien plus tard cet
auteur, je découvrirais l'immense valeur de témoignage de ses livres autobiographiques et, parallèlement, la médiocrité de ses romans. Il y a une dizaine
d'années, sa correspondance m'enchanta, ainsi que
l'émouvant récit de la maladie et de la mort de celui
qu'à sa façon elle avait toujours aimé : Jean-Paul
Sartre[1].

J'étais sous le charme du beau visage de Simone de
Beauvoir tel qu'il apparaissait sur ses photographies,
jusqu'au jour où je vis à la télévision un reportage sur
elle qui me fit l'effet inverse. On aurait dit une sorte de
rongeur[2], entre le rat et la musaraigne, avec ses petits
yeux froids et sa bouche dont la mobilité anormale-

1. *La Cérémonie des adieux*, 1981.
2. D'où, sans doute, le surnom de « Castor » dont Sartre l'affubla.

ment rapide et quasi spasmodique – elle parlait beaucoup trop vite – l'enlaidissait à un point dérangeant. Mais le pire, c'était sa voix, une voix si désagréable à entendre qu'elle occultait tout le reste. Avec le temps, je suis devenue de plus en plus sensible à ce genre de détail. Une belle femme dotée d'une voix criarde, vulgaire, suraiguë ou enfantine, un bel homme avec une voix de fausset ou d'eunuque, perdent toute séduction à mes yeux comme à mes oreilles. À l'inverse, il arrive que la voix de certains hommes et de certaines femmes soit leur atout majeur et parfois inconscient de séduction.

Comment ne pas se poser de questions devant une personne d'apparence déplaisante qui vit avec quelqu'un de convoité par le sexe opposé ? Le pouvoir ? L'argent ? Tel doit être parfois le cas, en effet. L'attirance pour la belle âme que cache le visage ingrat ? Parfois aussi. Mais le plus souvent, les relations apparemment contre nature reposent sur une complémentarité particulière entre la « bête » et la « belle » qui permet à chacun des partenaires de mieux vivre sa névrose inconsciente.

Les relations physiques multiples, aussi bien avec des hommes qu'avec des femmes, que l'on prêtait à Simone de Beauvoir, talentueuse et intelligente certes, mais antipathique, rebutante, effrayante même, et ne dégageant aucune sensualité, m'auront plongée dans des abîmes de perplexité. Les puritains me font horreur, et j'espère n'avoir rien de commun avec eux, mais la vie plus ou moins débridée des êtres en général et, selon ce qui en a été rapporté, de Simone de Beauvoir en particulier, perturbe mon incurable romantisme, heurté par les mœurs faciles et le manque de sélectivité qu'elles laissent supposer. Elle m'interpelle aussi sur un autre plan. En dehors des transports dont témoigne sa correspondance avec son amant américain, Nelson Algren, l'aptitude de Simone de Beauvoir à nouer des relations sexuelles diverses et variées n'indique-t-elle pas une certaine insuffisance du sentiment, écrasé chez elle par une cérébralité et un intellectualisme hypertrophiés ?

Un mode de fonctionnement aux antipodes du sien incite à se perdre en conjectures souvent autant éloignées les unes que les autres de la réalité.

* * *

Je passai mes années de jeunesse à lire tous les auteurs célèbres ou à la mode. Après Simone de Beauvoir, j'enchaînai avec Jean-Paul Sartre, qui m'ennuya, son théâtre encore plus que le reste. Même *Les Mots*, encensés par une critique unanime, et que je lus avec plaisir, ne me laissèrent pas un souvenir impérissable. Mais la découverte sur le tard de la correspondance entre ce petit Quasimodo vénéré et son premier amour, avec lequel il entretint toute sa vie une relation privilégiée, me fit découvrir les trésors de tendresse dont il semblait capable, si l'on prend cette correspondance au pied de la lettre, ce qui n'est pas sans risque.

Sans doute aurais-je dû y revenir depuis, mais je

ne partageai pas l'enthousiasme général pour *L'Étranger* d'Albert Camus, dont les écrits m'ennuyèrent beaucoup aussi, à l'exception de *La Chute*, un chef-d'œuvre absolu selon moi tant l'analyse de la psychologie humaine y est poussée, lucide, et d'un cynisme extrême. Emmanuel Berl, qui avait fréquenté la plupart des grands écrivains de son temps, assurait que Camus était l'homme le plus gentil qu'il ait connu. Cette gentillesse, que je ne mets pas en doute et ne cherche pas à minimiser, ne l'empêcha pas de rendre son épouse malheureuse en la trompant sans cesse. Encore une fois, ma condition de femme née avant le milieu du XXᵉ siècle et mon indécrottable sentimentalité font que j'ai beaucoup de mal à comprendre et accepter que l'on saute sur tout ce qui bouge, comme si on n'était qu'un animal de proie perpétuellement en chasse, le plaisir semblant plus dans la traque et la prise que dans la consommation d'un objet vite rejeté et oublié. La normalité dans ce domaine a beau ne pas exister, cette compulsion trahit à mes yeux un déséquilibre, voire une forme d'impuissance, assez pathétiques au fond.

* * *

À l'inverse de Sartre et Camus, Céline et Proust me transcendèrent. La lecture d'*À la recherche du temps perdu* me prit un an et, en arrivant à la dernière page, je me sentis perdue : comment allais-je me passer du ravissement dans lequel cette œuvre m'avait plongée ?

Là encore, l'analyse psychologique est d'une profondeur et d'une justesse éblouissantes, mais il y a bien sûr plus que cela. La beauté de la langue, le précieux témoignage aussi poétique que fidèle tant sur une époque que sur un milieu qui font rêver, en sont indissociables. C'est grâce à de tels chefs-d'œuvre qu'aux voyages dans l'espace, source immanquable de problèmes plus pénibles les uns que les autres, je préfère depuis toujours les merveilleux voyages dans le temps que permettent les grands romans d'une autre époque, restés pourtant d'une actualité étonnante, car si les mœurs, inimaginables aujourd'hui, qu'ils nous rapportent ont évolué lentement mais sûrement, les passions, les travers, les comportements humains, ne varient pas.

Le style et l'univers de Céline me causèrent un choc indicible. Je dévorai *Mort à crédit* et *Voyage au bout de la nuit*, qui, étrangement, me firent penser à Jacques Dutronc, avec lequel ma relation venait de commencer. Comme si ces deux êtres hors normes appartenaient plus ou moins à la même famille. La misanthropie de l'auteur ou son besoin irrépressible de provoquer, de transgresser, de choquer, évoquaient-ils l'homme de ma vie ? Pas seulement. Depuis, j'ai lu beaucoup de choses sur le sulfureux et néanmoins génial Céline, j'ai même dîné avec sa veuve dans leur maison de Meudon, mais à l'âge où l'on préfère la relecture des chefs-d'œuvre qui ont ponctué l'existence à la découverte des auteurs contemporains que leur prolificité rend suspects, je n'ai jamais pu relire les livres évoqués, dont l'univers trop noir m'indispose.

* * *

Parmi tous les romans de ma jeunesse et ma maturité, le premier qui me vienne à l'esprit est *Le Portrait de Dorian Gray* du merveilleux Oscar Wilde. De la façon la plus romanesque et la plus originale qui soit, il traite du refus de vieillir, plus désespéré chez ceux qui ont eu le privilège d'être dotés d'une beauté exceptionnelle ou qui ont cru l'être.

Longtemps après cette lecture inoubliable, je fus tout aussi marquée par le film anglais *Les Prédateurs*, de Tony Scott, qui traite du même thème du vieillissement avec autant d'originalité que Wilde avant lui. Le personnage joué par David Bowie pense que la créature, dont seule l'apparence est humaine, qu'est son amante, incarnée par Catherine Deneuve, l'a doté de la jeunesse et de la beauté éternelles dont elle bénéficie. Mais elle s'était gardée de lui dire que le prix à payer serait la brusque survenue, au bout de quelques siècles, d'un vieillissement accéléré, impossible à freiner, qui aboutirait à un hideux délabrement éternel, puisque la mort ne pourrait l'en libérer. La recherche poignante par le personnage masculin de solutions miraculeuses lorsque apparaissent les premiers signes de sa disgrâce imprévue, sa détermination désespérée à commettre les pires atrocités dans l'espoir de ralentir, voire de stopper un processus dont il refuse d'envisager l'irréversibilité, évoquent la course contre la montre, forcenée et perdue d'avance, entreprise par trop d'êtres humains pour que la chirurgie esthétique leur restitue la fraîcheur de leur jeunesse, alors qu'elle les transforme le plus souvent en caricatures repoussantes, ce qui rend d'autant plus incompréhensible la généralisation croissante de ce pathétique recours.

L'autre roman, très différent, auquel je pense spontanément est *Gatsby le Magnifique*, de Francis Scott Fitzgerald. Contrairement à *Tendre est la nuit* – un récit considéré comme majeur dans son œuvre, mais que, pour ma part, je juge critiquable à maints égards –, *Gatsby* me semble le chef-d'œuvre absolu de son auteur. Dans le cadre des années vingt aux États-Unis, il raconte avec une concision parfaite le déroulement à l'issue fatale d'une histoire d'amour fondée sur l'idéalisation aveugle que Gatsby – un homme sans foi ni loi hormis les siennes propres – fait depuis toujours d'une jeune femme, Daisy, dont il ne soupçonne guère la futilité, l'influençabilité, l'indécision, et qui s'avère autant déconnectée des réalités que lui, mais de façon passive. Lors de leurs premiers rendez-vous, la pauvreté de Gatsby lui interdisait de prétendre à la main de celle qui l'avait mortellement ébloui. Grâce à des affaires douteuses, le voilà revenu riche comme Crésus et naïvement persuadé d'être enfin en mesure de conquérir une Daisy mariée à un homme fortuné pourtant, plus évaporée que jamais, aussi dépourvue d'éthique que lui, incapable surtout d'éprouver les sentiments passionnés qu'elle continue d'inspirer

malgré elle à Gatsby et dont la moindre intuition pro-
voquerait sa fuite éperdue tant ils vont à l'encontre de
son besoin vital de légèreté. Gatsby meurt assassiné à
la suite d'un malentendu aussi effroyable que celui sur
lequel sa brève existence s'était fondée.

La vie de Fitzgerald fut aussi une tragédie : très
représentatif de la jet-set de son époque, le couple
qu'il formait avec Zelda se laissa emporter par le
tourbillon insouciant du succès, du luxe et de l'argent
faciles des années folles, sans s'attendre au « plus
dure sera la chute » qui s'ensuivrait obligatoirement.
Alcoolique, criblé de dettes, n'intéressant plus ni les
éditeurs ni les producteurs hollywoodiens, Fitzgerald mourut prématurément à quarante-quatre ans.
Diagnostiquée schizophrène, Zelda, l'épouse infi-
dèle, ruina un peu plus un mari démuni qui ne voulait pour elle que les cliniques les plus chères. Elle
finirait brûlée vive dans l'incendie de l'établissement
où elle était internée.

* * *

J'ai découvert Colette sur le tard. Quel dommage
qu'un si grand écrivain soit un peu tombé dans l'ou-
bli, quand bien même ses romans s'avèrent inégaux et
parfois répétitifs. Mais que la langue est personnelle
et d'une sensorialité, d'une poésie, d'une beauté, d'un
charme inimitables ! Un ravissement absolu ! La vie
de Colette et sa personnalité sont d'ailleurs extraordinaires et encore plus romanesques que son œuvre, ce

pour quoi, sans doute, la frontière entre fiction et vécu y est si floue.

Alors que j'approchais de mes sept décennies, l'un des directeurs d'une célèbre maison d'édition évoqua Sandor Marai. Je n'en avais jamais entendu parler, et j'appris que, né comme lui en Autriche-Hongrie, dix-neuf ans plus tard, il était aussi célèbre que Stefan Zweig, autre écrivain majeur que je vénère – il faut lire ou relire *La Pitié dangereuse*. Venu au monde en 1900, Sandor Marai le quitta le 22 février 1989 en se suicidant après les décès successifs de sa femme et de leur fils. Le premier roman que je lus de cet exceptionnel témoin de son temps si troublé, *L'Héritage d'Esther*, me convainquit qu'il s'agissait en effet d'un grand écrivain. Je lus la quasi-totalité de ses romans à la suite, et transcrivis dans mon ordinateur les passages parmi les plus lucides écrits sur l'amour qui se trouvent dans *Métamorphoses d'un mariage*, dont les deux premières parties sont géniales. « L'amour n'est le plus souvent qu'un immense égoïsme », y lit-on entre autres. Le chef-d'œuvre incontestable de cet auteur reste *Les Braises*, mais, contrairement à son compatriote Stefan Zweig, dont chaque écrit est un bijou admirable, le reste de son œuvre s'avère assez inégal bien que la beauté du style ne s'y démente jamais.

Carlos Castaneda est un auteur atypique qui a également beaucoup compté pour moi. Malgré les informations glanées à ce sujet, personne n'a réussi à déterminer si ses livres – en priorité *L'Herbe du diable et la Petite Fumée, Voir. Les Enseignements d'un sorcier yaqui, Le Voyage à Ixtlan, Histoires de pouvoir* – sont des récits autobiographiques ou de la fiction pure. Il s'agit probablement d'un génial mélange des deux. Se situant sur fond de paysages mexicains lunaires, ces quatre premiers volumes racontent la fantastique initiation d'un Occidental d'Amérique du Sud – censé être Castaneda lui-même – à la spiritualité yaqui par un Maître indien, Don Juan. La passionnante confrontation entre les deux visions – d'un côté les clichés, automatismes, préjugés occidentaux, de l'autre le recul et la façon inédite de considérer l'homme et le monde de la sorcellerie yaqui – fait réfléchir de bout en bout.

Il y eut aussi *Le Petit Prince* de Saint-Exupéry, une leçon de vie qui fait du bien à l'âme qu'elle élève en douceur, à son insu. Le texte, qui ne ressemble à aucun autre, est si joli, si poétique et émouvant que sa relecture m'a fait pleurer à chaudes larmes. Je pourrais également évoquer Balzac, lu dans ma prime jeunesse puis dans ma maturité, dont *Eugénie Grandet* et *La Peau de chagrin* m'ont particulièrement touchée.

* * *

D'une façon générale, les écrivains français d'aujourd'hui ne m'attirent pas. Depuis plusieurs années, exactement comme la production cinématographique qui nous inonde chaque semaine de films mal faits, sans souffle, sans dimension et interchangeables, quelques-uns seulement valant le détour, la production littéraire française est devenue pléthorique, souvent mal écrite, et c'est une évidence que trop de production tue la production. Car dénicher les perles rares dans tout ce fatras de livres médiocres, dont beaucoup sont portés aux nues par des journalistes rétribués pour jouer le jeu et faire tourner la machine, revient à chercher une aiguille dans une botte de foin. Qui en a le temps et les moyens ? Quand une célèbre revue féminine publie chaque semaine une dizaine de critiques des nouvelles parutions, le lecteur éventuel ne sait où donner de la tête, encore moins quand la direction pousse le vice jusqu'à charger deux rédactrices d'avis opposé de justifier en quelques mots leur « pour » ou leur « contre » à propos de tel ou tel livre, ce qui en annihile tout intérêt potentiel.

Heureusement, certains poids lourds subsistent. L'univers si personnel de Patrick Modiano[1] m'aura envoûtée des décennies durant, au point que, dès que j'ouvrais l'un de ses livres, je ne pouvais plus le lâcher avant de l'avoir terminé. Tant pis pour les lapalissades, mais on ne soulignera jamais assez que seule la double originalité de l'univers et du style fait le grand écrivain, et Patrick, créateur exceptionnel à cet égard, est donc un très grand écrivain. Il y a eu aussi, bien sûr, Marguerite Duras, qui, bien qu'inégale comme beaucoup d'auteurs prolifiques que la modestie n'étouffe

---

1. Quelques mois après la rédaction de ces lignes, le 9 octobre 2014, Patrick Modiano a reçu le prix Nobel de littérature.

pas, garde à son actif plusieurs chefs-d'œuvre bouleversants. Tout comme celles de *Rue des Boutiques Obscures*, les dernières lignes de *L'Amant* m'arrachent des larmes. Qu'un passage de livre ou qu'une chanson produisent un tel effet sur moi me les fait définitivement considérer comme « le summum du summum ».

Michel Houellebecq m'a accrochée à cause de son ton reconnaissable entre tous et de la façon si laconique dont il relate des situations atterrantes qu'elles en deviennent cocasses. Il y a dans tous ses romans, plus spécialement dans *Extension du domaine de la lutte*, des passages savoureux et hilarants, bien qu'abordant des situations et des problèmes préoccupants de notre époque.

Chaque personne, même la plus intelligente, manque de discernement sur un plan ou sur un autre. Ainsi, Marguerite Duras était trop imbue d'elle-même pour se rendre compte de la nullité absolue des quelques films qu'elle a réalisés et du ridicule dont elle se couvrait en critiquant des cinéastes qui, contrairement à elle, savaient faire du cinéma. De son côté, Michel Houellebecq se considère – à tort me semble-t-il – comme meilleur poète que romancier. Malgré de miraculeuses fulgurances que quelques artistes judicieux du *show-business* ont su repérer et mettre en valeur, ses poèmes pèchent souvent par leur côté scolaire, bancal, sans travail sur les sonorités, autrement dit sans musicalité, ni rythme, ni fluidité... Le plus paradoxal, c'est que lui qui met la bonté au-dessus de toutes les qualités n'apprécie ni Jacques Prévert ni Georges Brassens, qui rayonnaient de bonté authentique et dont la fréquentation aurait eu tant à lui apprendre.

* * *

Les circonstances m'ont permis de rencontrer Patrick Modiano et Michel Houellebecq, totalement hors normes l'un et l'autre, ce qui, avec l'épreuve irrémédiable d'avoir été abandonnés par leurs parents, est leur seul point commun. Patrick Modiano oubliait de s'alimenter quand j'ai fait sa connaissance, dans notre jeunesse, et, sur les recommandations d'une amie commune, je devais veiller à ce qu'il s'alimente chaque fois que nous sortions ensemble. Je revois sa façon cocasse de héler un taxi : il élançait son grand corps éthéré de presque deux mètres sur le bord du trottoir, un bras en l'air, dans une posture de danseur classique maladroit qui donnait l'impression inquiétante qu'il allait s'envoler et disparaître à jamais ou tomber sur la chaussée et se retrouver aux urgences d'un hôpital. Il est très distrait aussi. Dominique, son adorable femme depuis pas loin d'une cinquantaine d'années, m'a confié que, un jour où elle avait dû s'absenter, elle lui avait noté mot pour mot comment faire cuire des spaghetti. Partie relativement tranquillisée, elle apprit à son retour qu'il avait failli mettre le feu à leur appartement en oubliant juste l'eau dans la casserole. Lors d'un dîner chez eux, je l'ai vu incapable d'utiliser un tire-bouchon ! Une dernière anecdote rapportée par Dominique me revient à l'esprit. Ils marchaient tous deux dans la rue. Était-ce près de la place de Clichy ? En tout cas, il y avait beaucoup de monde sur le trottoir et, au bout d'un moment, Patrick s'aperçut qu'il avait perdu son épouse et que la personne à laquelle il parlait depuis un moment avec animation était un parfait inconnu.

La distraction et l'aspect évaporé de la personnalité de Patrick coexistent pourtant avec beaucoup de recul et de lucidité. Parfois excessifs, son recul sur lui-même et son immense modestie se rencontrent rarement chez les écrivains. Et si on ne se laisse pas arrêter par ses phrases inachevées qui commencent trop souvent par « C'est compliqué… » quand on lui pose une question à laquelle il sait bien qu'on ne peut répondre en deux mots et qu'elle exigerait une réflexion, on est frappé par l'extrême cohérence de ses propos, mille fois moins décousus qu'ils n'en ont l'air. Je ne lui connais ni ne lui imagine d'ennemis, et son prix Nobel, qui a réjoui toute la France, n'a pas dû faire beaucoup d'envieux.

* * *

À force de le voir à la télévision lorsqu'on a commencé à parler de lui et surtout d'être émue par la souffrance et la solitude que trahissait son visage, je lus *Les Particules élémentaires* et fis en sorte de rencontrer Michel Houellebecq pour une interview astrolo-

gique, qu'il accepta avec d'autant plus d'empresse-
ment que, à ma totale surprise, il se disait fan depuis
longtemps de mes chansons. Pendant quelque temps,
nous nous revîmes assez régulièrement pour que, au
fil de rencontres plus surréalistes les unes que les
autres, je me fasse une idée, sans doute subjective, de
sa personnalité très originale. Il me faisait l'effet d'une
sorte de Mr. Magoo qui se retrouve dans les situations les plus périlleuses dont il évite sans le savoir
tous les pièges mortels, simplement parce qu'il ne les
voit pas. Un déplorable malentendu a mis fin à notre
début d'amitié. Les dernières fois que je l'ai aperçu à
la télévision, j'ai eu l'impression navrante d'une propension à prendre l'allure de l'artiste maudit avec les
cheveux trop longs, le visage trop maigre et une allure
d'épouvantail. Même son regard m'a paru effrayant,
un regard d'outre-tombe, dur, où je ne retrouve pas
la douceur, la timidité et la relative naïveté qui le rendaient attachant. Mais j'ai sans doute tort de tirer
des conclusions aussi négatives à partir d'une image
publique susceptible de se métamorphoser du jour au
lendemain !

* * *

Je n'ai pas eu le privilège de connaître Marguerite Duras. Pendant des années, nous ne disposions
que d'une seule ligne téléphonique, Jacques et moi,
et comme il ne répondait jamais, je devais décrocher
à chaque sonnerie. Il commençait à se faire encenser

en tant qu'acteur, et cet écrivain que j'adulais appela un soir. Elle souhaitait lui proposer le rôle principal de son prochain film, mais quand je lui demandai si elle avait vu *L'important c'est d'aimer* d'Andrzej Zulawski, elle eut cette réponse choquante : « Non, et je n'irai pas, car mon entourage l'a vu et a trouvé ce film très mauvais. » Encore aujourd'hui, cette attitude me semble résumer quelques défauts de ce grand écrivain : l'égocentrisme, l'outrecuidance, l'inconséquence et le manque de recul. On peut bien sûr ne pas apprécier l'univers exacerbé et violent de Zulawski, il n'en reste pas moins que c'est un immense cinéaste, alors que les réalisations cinématographiques de Marguerite Duras auront toutes été d'une inimaginable et consternante nullité.

* * *

Dans les années quatre-vingt-dix, je vis un film bouleversant de Martin Scorsese, très différent de son cinéma habituel, dont l'évolution vers une violence de plus en plus insupportable a fini par me détacher. Sorti en 1993, *Le Temps de l'innocence* est une adaptation aussi fidèle que sublime du roman du même nom qui eut en son temps un immense succès aux États-Unis et figure au palmarès d'Edith Wharton, issue de la haute société new-yorkaise. Paru en 1920 et récompensé en 1921 par le prestigieux prix Pulitzer, ce chef-d'œuvre raconte comment les puissants clans de la riche bourgeoisie américaine de la fin du XIXe siècle se liguent au nom de leurs intérêts financiers communs pour empêcher par tous les moyens l'amour passionné entre le fils d'une grande famille de l'un des clans et une comtesse divorcée – à cette époque, une femme divorcée était encore scandaleuse et *persona non grata*. Habilement manipulée, celle-ci s'éclipse, tandis que les pressions exercées sur Archer, le héros de l'histoire, le contraignent à épouser la charmante jeune fille qui ne lui inspire que de la tendresse et qu'avant sa fatidique rencontre leurs familles respectives lui destinaient. La façon dont se liguent les puissants clans pour séparer coûte que coûte les deux héros nous en dit long sur les mœurs qui sévissaient alors, et la narration de l'immense écrivain qu'a été Edith Wharton est magistrale.

Après *Le Temps de l'innocence*, j'enchaînai avec les autres passionnants romans de son auteur, pour en arriver à l'un de ses amis, Henry James, que je ne connaissais pas encore et qui fut une révélation, au point que j'ai parfois été tentée d'en faire mon écrivain préféré, comme s'il était possible d'en avoir un. Là encore, j'ai dû lire la plupart de ses romans, chacun d'eux tournant autour d'une histoire d'amour impossible. On ignore d'ailleurs tout de la vie personnelle de Henry James, si bien qu'on a fini par envisager qu'il n'en ait eu aucune. J'ai adoré *Portrait de femme*, *Les Ailes de la colombe*, *Les Papiers d'Aspern*, *La Tour d'ivoire*... S'il fallait ne garder qu'un de ces romans – ce qu'à Dieu ne plaise ! – ce serait *La Coupe d'or*, plus ou moins le pendant jamesien du *Temps de l'innocence*.

Être transcendé par une œuvre et s'y sentir comme un poisson dans l'eau n'arrive pas tous les jours et rend heureux. Il ne me fallut pas longtemps pour découvrir que, si les livres d'Edith Wharton et d'Henry James produisaient sur moi cet effet magique, il en allait de même pour les chefs-d'œuvre de la littérature anglaise du XIXe et du début du XXe siècle, qui compte d'ailleurs un nombre impressionnant de femmes de lettres géniales, souvent de milieu similaire, alors qu'il y en eut si peu en France.

C'est ainsi que me transportèrent des écrivains tels que Frances Trollope puis son fils, le prolifique Anthony Trollope, Wilkie Collins, W.M. Thackeray, Charles Dickens, Elizabeth Gaskell, George Eliot et Mary Elizabeth Braddon, qui initia le roman policier et dont les histoires sont encore plus palpitantes que celles des auteurs qui se sont le mieux illustrés dans le genre. Je connaissais déjà les extraordinaires sœurs Brontë, mortes toutes les quatre prématurément, ainsi que la grande Jane Austen, qui nous apprend beaucoup, elle aussi, sur les us et coutumes de son pays à la fin du XVIIIe siècle et dont les histoires pleines de charme commencent mal mais finissent bien.

Par contre, l'appréciation unanime qui auréole encore Virginia Woolf me dépasse. Elle n'est à mes yeux qu'une intellectuelle aussi ennuyeuse que beaucoup d'intellectuels, comme le prouvent dans *Lectures intimes*, par exemple, ses commentaires fastidieux et à côté de la plaque sur *Jane Eyre* et *Les Hauts de Hurlevent* de Charlotte et Emily Brontë. Il me semble que non seulement celles-ci ne s'y seraient pas reconnues, mais qu'elles n'y auraient rien compris. Moins cérébrale, plus passionnée et débordante de vie, une amie de Virginia Woolf, Vita Sackville-West[1], a fait une multitude de choses intéressantes dans sa vie. Entre autres, elle a écrit *Toute passion abolie*, un bijou rare à lire et relire. On ne peut en dire autant d'aucun livre de Virginia Woolf.

Récemment, après avoir vu un *remake* britannique, formidable mais partiel, de la saga des *Forsyte*, je fis des pieds et des mains pour me procurer les deux volumes – d'environ 2 300 pages, dont le premier tome est introuvable – de l'œuvre maîtresse de John Galsworthy, auteur de la fin du XIXe décédé en 1933, dont j'ignorais l'existence jusque-là. Cette lecture me captiva, m'enchanta, m'impressionna, et John Galsworthy figure désormais en bonne place dans mon panthéon littéraire.

Même chose pour sa contemporaine Elizabeth von Arnim que je découvris grâce à l'adaptation cinématographique d'*Avril enchanté* de Mike Newell. Ce roman ainsi que *L'Été solitaire*, *Love* ou *Père* sont des chefs-d'œuvre d'un charme irrésistible. Sur un ton qui n'appartient qu'à elle et avec une finesse et une lucidité remarquables, l'auteur raconte des histoires d'un humour délicieux et d'une naïveté apparente derrière lesquels, mine de rien, elle donne son édifiante vision de l'amour. Ses livres étant en grande partie

---

1. Selon toute probabilité, la relation entre elles aura été platonique.

autobiographiques, Elizabeth von Arnim ne pouvait qu'avoir le cœur aussi pur que celui de ses héroïnes que leur bienveillance, leur gentillesse et innocence désarmantes amènent à justifier les turpitudes dont elles font les frais par toutes sortes de bonnes raisons, et, plus banalement, à se taire ou s'abstraire quand l'autre s'avère trop pénible et borné. Grande amoureuse de la nature, elle a écrit les pages les plus belles qui soient sur cette passion. Les leçons de vie délicates, poétiques, jamais dogmatiques, qu'elle fait fleurir dans le cadre féerique des jardins et des paysages qui l'ont ravie, me semblent une forme originale et élevée de spiritualité. Bien que décevante, la vie sentimentale d'Elizabeth von Arnim n'a en rien entaché la faculté d'émerveillement ni l'aptitude au bonheur qui sont la substance même de tous ses romans. Si j'avais vécu à son époque, j'aurais rêvé de la rencontrer, tellement on « tombe en amour » devant la belle âme que son œuvre révèle.

* * *

Récemment, l'unique émission littéraire de la télévision française a consacré trois de ses soirées aux écrivains britanniques contemporains. J'ai apprécié *Testament à l'anglaise* et *La Maison du sommeil* de Jonathan Coe, qui m'ennuie depuis, et je connaissais déjà David Lodge et son humour décapant, ainsi que William Boyd, qui compte au moins trois passionnants romans à son actif. Trop égocentrés et bavards,

Ian McEwan et Hanif Kureishi ne m'inspirent guère. Au final, comme la française, la littérature contemporaine britannique me touche infiniment moins que celle, tellement plus magique, de la seconde moitié du XIXe et de la première moitié du XXe siècle. Mais j'ai encore beaucoup de pain sur la planche, beaucoup de livres à découvrir, dont ceux de la littérature américaine d'hier. De celle d'aujourd'hui, je ne connais que Paul Auster, Joyce Carol Oates et – superficiellement, je le confesse – le fatigant Philip Roth, ainsi que T.C. Boyle. La vie est décidément trop courte.

* * *

Contrairement à ce qu'assure un personnage de Hanif Kureishi, je ne crois pas que l'excès de lecture nuise à la vie sociale, mais que c'est parce que la vie sociale pose trop de problèmes en aggravant un inconfort personnel existentiel que l'on se réfugie dans les livres. Je pense même que c'est la vie dans sa globalité qui est concernée : c'est parce que la vie réelle vous heurte, ou parce que peu de choses, peu de gens vous attirent et vous intéressent vraiment – les exceptions s'avérant inaccessibles –, que l'on préfère une existence virtuelle, assurément riche en émotions et en excitations, mais virtuelles elles aussi. Faut-il le déplorer ? En partie, sûrement, même si les grands romans sont beaucoup plus qu'un simple moyen d'évasion : ils instruisent sur une époque ou un pays, aident à une meilleure compréhension des autres comme de soi-même et ouvrent des horizons… Ils rendent humble, aussi. Les écrivains dignes d'être ainsi désignés n'ont pas seulement du talent ou du génie, leur œuvre ne repose pas uniquement sur une grande sensibilité et de grandes souffrances, mais elle a requis une somme de travail et une ténacité hors normes.

Que deviendraient les auteurs en général, dont la plupart ont tant de mal à vivre de leur plume, si plus personne n'était *addict* à la lecture des romans, comme le toxico l'est à la drogue ? Mais de même que, chez la chanteuse exclusivement discographique que j'aurai été, il y a toujours eu une pointe d'envie vis-à-vis des artistes « complets » qui se réalisent sur scène, de même chez les individus confinés, presque autistes, trop intériorisés – pour ne pas dire inhibés –, dont je suis aussi, trouve-t-on sans doute la même pointe d'envie envers ceux qui vivent « pleinement » en se confrontant à ce que la vie a de plus terrible, mais aussi de plus excitant : les explorateurs – des mers ou autres –, les chirurgiens, les reporters de guerre, etc., ainsi que tous ceux que leurs conditions d'existence ou leur travail ont amenés à mettre les mains dans le cambouis et à s'immerger dans ce que l'on appelle la vraie vie, sans possibilité, parfois sans désir d'y échapper.

Ne sommes-nous pas au fond tous impuissants sur un plan ou un autre ? Les aventuriers ne sont-ils pas impuissants à s'arrêter, ne serait-ce que pour lire un

bon livre ou se reposer, tout comme le lecteur bou-
limique se montre incapable de regarder en face les
réalités les plus effrayantes, les plus triviales, de l'existence terrestre ?

6

L'astrologie occidentale d'aujourd'hui

Ma sœur et moi avons reçu la même éducation et notre scolarité s'est déroulée dans le même établissement religieux. Notre mère, qui se comportait de façon exemplaire vis-à-vis de ses enfants, nous a manifesté la même affection et inculqué les mêmes règles de vie dont, en tant que femme de devoir, elle était l'incarnation parfaite. Un bémol pour l'affection cependant : peu avant sa mort, elle m'avouerait ne pas avoir eu d'atomes crochus avec sa fille cadette. Même si elle n'en avait rien montré, puisque, à aucun moment, je ne m'en étais aperçue, c'est là une réalité d'importance majeure que ma sœur a dû percevoir d'une façon ou d'une autre. Vers l'âge de vingt ans, elle me confesserait n'avoir éprouvé aucun amour pour sa mère, qui ne lui avait rien inspiré d'autre que de la peur. Il faut reconnaître que lorsque celle-ci se braquait, elle devenait effrayante, y compris pour moi qui l'adorais pourtant.

Je me souviens d'un cauchemar à l'âge encore

tendre de vingt ans dans une suite beaucoup trop vaste d'un palace de Lisbonne dont les lourdes tentures de velours rouge, l'ameublement massif d'une autre époque et le manque de lumière évoquaient l'atmosphère des films de vampires. Tel un vulgaire ballon, la tête de ma mère gisait par terre devant moi et m'épouvantait tant elle gigotait, grimaçait et exprimait de haine. Je tentais de l'éloigner en lui donnant des coups de pied, mais rien n'y faisait !

Une autre fois, j'avais rêvé que je descendais en pleine nuit de ma chambre du premier étage, à Aulnay, pour découvrir un rez-de-chaussée anormalement éclairé et désert, avec les fenêtres grandes ouvertes. Terrifiée par cette étrangeté, je pris la fuite, comme dans tous les cauchemars qui se passaient dans la maison de mes grands-parents, profitant en l'occurrence du vide des lieux, avec le fol espoir d'atteindre la gare pour prendre le train en direction de Paris et m'échapper définitivement. Mais à peine étais-je dans la rue que j'aperçus mon grand-père qui se penchait par la fenêtre de la cuisine sans voir le regard fou et en coin de ma mère qui se tenait derrière lui et s'apprêtait à planter un grand couteau pointu dans son crâne dégarni.

* * *

La similitude d'une bonne partie de nos conditionnements n'a pas empêché des différences fondamentales entre ma sœur et moi. Par exemple, j'étais une petite fille très pieuse, très fervente, et les prières – puis la spiritualité – ont de tout temps pris de la place dans ma vie, alors que ce n'était pas son cas à elle qui n'hésitait pas à tourner ce genre de choses en dérision. Ceci découlant en partie de cela, il me semble avoir toujours eu une éthique assez contraignante qui me rendait sans doute sentencieuse et assommante pour ma sœur, qui n'en avait aucune. Dès son plus jeune âge, elle abusa du chantage affectif, car lorsqu'elle voulait quelque chose, elle ne reculait devant rien pour l'obtenir et forçait sur la culpabilisation de l'autre. Dans son esprit, la fin justifiait les moyens, ce qui m'inspirait de vifs sentiments d'hostilité à son égard. Quand, autour de la quarantaine, sa maladie mentale se déclara, j'apprendrais que ses divers compagnons allemands (elle a vécu une trentaine d'années en Allemagne) avaient tous eu envie de l'étrangler à un moment ou un autre. L'un d'eux recourut même à un couteau de cuisine, sans aller jusqu'à l'utiliser, heureusement pour eux deux.

Parallèlement, j'étais – et suis encore – très froussarde et respectueuse de l'autorité, alors que ma sœur se montrait beaucoup plus intrépide, frondeuse, insolente, au temps, bien sûr, où elle paraissait avoir encore sa raison, puisque sa schizophrénie, qui se manifesta de façon insidieuse et progressive, s'accompagnait de paranoïa. Mais avant ce basculement fatidique, nos différences de fond concernaient aussi mon esprit critique trop développé et une fermeture globale au monde extérieur et à l'imprévu, une réticence à bouger, alors que sa forme d'intelligence l'ouvrait bien davantage au monde et qu'elle s'avérait souvent plus gentille, moins malveillante et moins sédentaire que moi. Qui eût cru que sa psychose la recroquevillerait de plus en plus sur elle-même et qu'une panique irrationnelle ne lui laissant aucun répit finirait par la couper de tout contact humain ? Le bruit court que la schizophrénie serait inscrite dans les gènes, mais je ne peux m'empêcher de penser que l'inimaginable désert affectif dans lequel elle a vécu aura été la cause première du développement irréversible de ses troubles mentaux et de son instinct de mort.

* * *

En réalité, chaque être humain est la résultante de son tempérament inné et de l'acquis que constituent ses multiples conditionnements. Leur intrication et la façon dont l'acquis a façonné l'inné – au point parfois de l'infléchir – sont impossibles à cerner avec précision. Mais il est évident qu'un être mal structuré sera davantage le pâle reflet de son milieu familial et social qu'un autre plus solide et plus à même de s'en dégager, si peu que ce soit.

Certains conditionnements sont patents, au premier rang desquels le rôle déterminant joué par le comportement des modèles parentaux, dans l'existence en général et vis-à-vis de leurs enfants en particulier – tel que chacun d'entre eux l'a ressenti subjectivement –, par leur niveau intellectuel, socioculturel, spirituel...

Nul ne songerait à contester l'importance du

conditionnement génétique – encore moins les malheureux atteints de maladies génétiques et leurs proches ! Mais il existe d'autres conditionnements plus insidieux, bien qu'évidents, auxquels on ne pense pas assez. Être avenant avec un visage agréable provoque chez autrui des réactions positives, susceptibles de dicter une partie des attitudes relationnelles, voire des idées. De même, une personne revêche, aux traits ingrats, suscitera des réactions opposées qui créeront un cercle vicieux en lui valant des réflexes comportementaux inadéquats. Que l'on songe à ces enfants et même à ces bébés qui attirent instantanément les regards, les sourires et la sympathie – des proches comme du tout-venant –, et à ceux dont l'aspect rébarbatif provoque les réactions inverses. Réfléchit-on suffisamment à l'empreinte indélébile que cela laissera chez les êtres concernés et à la façon dont leur conduite, tant à l'adolescence qu'à l'âge adulte, sera commandée à leur insu par ce qu'ils auront suscité malgré eux chez autrui depuis toujours ?

« L'homme est inconscient de son inconscient, inconscient de ses déterminismes génétique, biologique, sémantique, de classe, etc. Le fait d'ignorer ses déterminismes, fait qu'il leur obéit en croyant être libre », a écrit le chercheur Henri Laborit, neurobiologiste, chirurgien, philosophe, qui comprenait beaucoup de choses mieux que tout le monde !

* * *

Chaque fin d'année, les stations radiophoniques qui utilisent – non par conviction, mais dans un souci de divertissement – les services d'une astrologue consacrent une émission à cette science humaine, autrement dit non « exacte », si controversée. La stupidité incommensurable du contenu de telles émissions m'amène en général à les zapper. J'ai pu récemment vérifier que rien n'avait changé. Le degré d'ignorance manifesté dans ce contexte et la quantité de bêtises proférées qui l'illustrent n'ont pas diminué, loin de là.

L'ignorance des astrologues ou des défenseurs de l'astrologie sur les fondements de celle-ci est abyssale. Elle n'a d'égale que celle des détracteurs, qui les fait parler à tort et à travers d'un sujet dont ils ignorent tout et sur lequel ils n'ont jamais cherché à se documenter sérieusement, ce qui leur permettrait au moins d'étayer un peu mieux leurs arguments, qui ne reposent que sur des préjugés bornés ! S'ils réalisaient à quel point ils trahissent leur bêtise et leur étroitesse d'esprit en s'exprimant sur la question, la honte les submergerait.

Je suis venue à l'astrologie au tout début des *sixties* à la suite d'une consultation recommandée par mon médecin à laquelle je m'étais rendue en mettant astrologie et voyance dans le même panier. Les révélations d'André Barbault me troublèrent. Cet homme, qui ne me connaissait pas, m'expliqua en long et en large mon fonctionnement affectif, et je m'y reconnus totalement, sauf quand il évoqua mon masochisme, que je finirais par admettre des décennies plus tard. L'interprétation de mon ciel natal n'était ni interchangeable ni superficielle. Mon intérêt pour l'astrologie s'éveilla à partir de là, et les circonstances me permirent d'aller progressivement un peu plus loin dans la compréhension de ce vaste domaine dont je ne soupçonnais pas l'infinie complexité.

* * *

Je lus d'abord les manuels qui me tombèrent sous la main et pris ensuite des cours d'astrologie traditionnelle. Ce n'est qu'une dizaine d'années plus tard, lorsque, après m'avoir aperçue dans l'un de ses cours publics, Jean-Pierre Nicola vint me trouver, que s'améliora quelque peu ma vision trop floue des possibilités et des limites astrologiques, qui me plongeaient de plus en plus dans des abîmes de perplexité et de scepticisme.

Originaire de Nice, issu d'une famille ouvrière communiste et ayant passé une partie de son enfance et de son adolescence dans la rue, Jean-Pierre ne semblait guère prédestiné à l'astrologie. Le déclic se produisit quand le « hasard » le fit passer devant l'étalage d'un bouquiniste où se trouvait un vieux traité dont l'aspect l'intrigua. Il l'acheta des clopinettes sans se douter que le contenu du traité orienterait sa vie entière en déclenchant ses interrogations et son envie d'en savoir plus. Cela lui prit des années, mais il repensa toute la science astrologique pour lui donner enfin les fondements qui lui manquaient. Au XVIIe siècle, Colbert avait en effet interdit aux astronomes de la pratiquer, la livrant ainsi aux esprits irrationnels, épris de merveilleux et incapables du minimum de rigueur requis pour que cette approche ne verse pas dans l'absurdité. À cause de cette interdiction, la plupart des astrologues continuent royalement de ne pas savoir de quoi ils parlent, tant la facilité l'emporte toujours sur la nécessité des efforts à fournir pour progresser dans la compréhension de quoi que ce soit.

***

L'astrologie moderne occidentale se fonde strictement sur les réalités astrophysiques du système solaire[1], qui est un tout interdépendant, la planète Terre n'étant qu'une petite partie de ce tout qui, à l'échelle cosmique, constitue son environnement immédiat. Nous devons au système solaire, plus particulièrement à la relation Terre-Soleil, notre rythme jour-nuit, celui de nos saisons, de l'année elle-même, le climat, entre autres...

Il n'est pas possible de tout aborder ici[2]. Les quelques généralités, non exhaustives mais relativement simples, qui suivent sont destinées à permettre aux éventuels curieux, suffisamment objectifs, un début de compréhension de l'astrologie occidentale

---

1. Ceux qui évoquent les constellations prouvent leur ignorance et leur incompétence en astrologie.

2. La consultation des ouvrages de Jean-Pierre Nicola, mais aussi de Richard Pellard, ainsi que de mon livre *Les Rythmes du zodiaque*, instruira mieux les personnes intéressées.

d'aujourd'hui, pas si éloignée de celle que pratiquait Kepler, célèbre astronome qui a vécu au XVIᵉ et au XVIIᵉ siècle.

* * *

Un signe du zodiaque est un espace défini du système solaire, plus précisément de l'orbite terrestre divisée en douze, notre planète mettant douze mois, autrement dit une année, à effectuer un tour complet. Lorsque le Soleil ou une planète se trouvent dans l'un des douze signes, ils ont un rythme spécifique donné par l'écart entre la durée de leur présence au-dessus de l'horizon de l'espace des 30 degrés parcouru – jour pour le Soleil, arc diurne pour une planète –, et celle de leur absence en dessous de l'horizon – nuit pour le Soleil, arc nocturne pour une planète.

Ainsi, le premier signe, celui du Bélier, commence au point vernal ou point gamma qui marque astronomiquement le croisement entre le plan de l'équateur céleste[1] et celui de l'écliptique – ou trajectoire apparente du Soleil autour de la Terre, en réalité trajectoire de la Terre autour de lui. Sous nos latitudes nord moyennes, dès le franchissement de ce point par le Soleil, c'est le début du printemps. La définition incontestable du Bélier est : écart minimal entre la durée du jour dominant et croissant et celle de la nuit dominée et décroissante. Au signe suivant – les

---

1. L'équateur céleste est dans le prolongement de l'équateur terrestre.

30 degrés suivants –, la durée du jour reste dominante et croissante, mais l'écart avec celle de la nuit est devenu moyen ou intermédiaire, alors qu'aux Gémeaux – troisième et dernier signe de printemps – cet écart est devenu maximal. Que ce soit la durée du jour ou celle de la nuit qui l'emporte, que leur écart augmente ou diminue, cet écart est maximal pour les quatre signes de part et d'autre de l'axe des solstices, minimal pour les quatre signes de part et d'autre de l'axe des équinoxes[1], moyen pour les quatre signes entre les deux.

Dès que le Soleil ou une planète franchissent zéro degré du Cancer, la durée de leur arc diurne est encore dominante, l'écart avec celle de l'arc nocturne est encore maximal, avec un changement majeur cependant, qui différencie ce signe du précédent et l'été du printemps : la durée de l'arc diurne cesse d'augmenter, elle diminue graduellement, tout comme l'écart entre les durées des deux arcs, qui va se réduire jusqu'au premier jour de la saison suivante. L'automne commence au moment précis où le Soleil – ou une planète, l'un et l'autre vus de la Terre – franchit le point gamma à l'opposé du point vernal et où la durée de l'arc nocturne – la nuit pour le Soleil – devient dominante et croissante aux dépens de celle de l'arc diurne – le jour pour ce même Soleil –, soudain dominé et décroissant. À la nuit en expansion de l'automne succède dès

---

1. Solstices : le jour ou la nuit sont les plus longs ou les plus courts de l'année. Équinoxes : le jour et la nuit ont une durée équivalente.

que le Soleil franchit zéro degré du Capricorne (axe des solstices) une nuit certes encore dominante mais qui amorce sa décroissance jusqu'à la victoire du jour à l'arrivée à zéro degré du Bélier. Et ainsi de suite.

En schématisant à l'extrême, le jour symbolise non seulement le visible, le connu, la conscience, mais aussi les valeurs individuelles, alors que la nuit est en rapport avec l'invisible, l'inconscient, l'inconnu ainsi que les valeurs collectives qui imprègnent, dépassent ou transcendent l'individu. Les signes de printemps symbolisent l'énergie : celle à l'état brut que l'on dépense (Bélier), celle que l'on concentre et utilise au mieux de ses intérêts (Taureau), celle que l'on diffuse ou disperse (Gémeaux). Les signes d'été sont en rapport avec la nécessité de protéger les acquis et de connaître ses limites pour s'y cantonner ou les dépasser. Les signes d'automne favorisent la socialité – associative, exclusive ou large ; ceux d'hiver axent sur une forme d'absolu ou une autre – elle peut être noble ou triviale, égoïste ou altruiste.

Deux exemples donneront peut-être une toute petite idée de la différence entre les prédispositions zodiacales. Troisième signe de printemps, celui des Gémeaux porte à être mobile, souple, rapide, vif (croissance du jour dominant), multiple et non double, animé par un besoin permanent de renouvellement et de liberté qui caractérise au premier chef ceux dans le ciel desquels ce signe domine, mais qui, au négatif, peut se traduire par de l'instabilité, de l'inconstance, un manque de suite et de cohérence dans les idées comme dans la conduite. Le besoin de renouvellement les rend tributaires de ce qui se présente de plus attractif dans l'instant, selon des critères subjectifs : c'est sans hésitation qu'ils préféreront passer un peu de temps avec un clochard qui les amuse plutôt qu'avec un président de la République qui les ennuie. L'ouverture au monde et aux autres est spontanée, sans l'once d'un préjugé (écart maximal entre jour dominant et nuit dominée, se traduisant par la largeur du champ de conscience qui va de pair avec la rapidité en rapport avec la croissance du jour dominant). Les personnalités nées sous ce signe en incarnent souvent certaines caractéristiques majeures et présentent entre elles des points communs typiques de leur signe solaire, même si elles sont conditionnées – astrologiquement et autrement – par de nombreux autres facteurs. Voici des propos sur eux-mêmes de quelques natifs des Gémeaux.

Sandrine Bonnaire : « Je suis incapable de faire cinquante fois la même chose avec la même émotion. Je suis très changeante. » Clint Eastwood : « Je n'aime pas les répétitions, les cadres trop stricts... » Johnny Hallyday : « La vie est spontanée et je peux être aussi imprévisible qu'elle. » Jean d'Ormesson : « Il y a chez les ratés une grande liberté, une espèce de refus de se plier à un certain jeu, à la routine... Il veut sans cesse recommencer, toutes choses qui me tentent, c'est vrai... Mon père était très inquiet d'un certain côté léger chez moi, un peu changeant... Il me disait souvent qu'avec tous mes talents je serais probablement un raté, parce que je voudrais toucher à tout. » Françoise Sagan : « Je voudrais avoir dix ans, je voudrais ne pas être adulte. » Alain Souchon : « Quitter le monde normal, lourd et pesant, pour un monde léger... Malheureusement, on ne peut pas rester léger toute sa vie. » Il a écrit dans une chanson : « J'ai dix ans, je sais que c'est pas vrai, mais j'ai dix ans... »

* * *

Une façon de comprendre ce à quoi prédispose ou non un signe du zodiaque est de faire un parallèle avec son signe inverse : les points forts de l'un sont en effet les points faibles de l'autre et réciproquement. Le signe inverse des Gémeaux est le Capricorne, parce que leurs formules respectives sont inversées. Pour les Gémeaux, cette formule est : écart croissant entre le jour maximal et la nuit minimale, alors que la formule du Capricorne est : écart décroissant entre la nuit maximale et le jour minimal. Les natifs du Capricorne et tous ceux pour qui ce signe était très occupé à la naissance n'ont ni la mobilité, ni la souplesse, ni la rapidité, ni la capacité de renouvellement des Gémeaux. Par contre, les Gémeaux n'ont ni la stabilité, ni le recul, ni la ténacité, ni l'aptitude à se déconditionner de leur environnement, plus globalement du monde extérieur, ni l'aptitude au détachement quand il s'avère nécessaire, qui permettent au Capricorne de se polariser sur un seul projet – voire une seule personne ! – et de le mener à bien quoi qu'il arrive, malgré un rythme lent et un monolithisme à double tranchant. Là où, sur le mode inadapté, le premier se montre superficiel, touche-à-tout, brouillon, incohérent, inconstant, peu fiable, et pourtant désarmant par son sourire et son inconscience apparente, l'autre est profond, fidèle, entier, responsable, exigeant, sélectif, sobre, capable d'abnégation, souvent libre-penseur car il ne se laisse pas influencer et, s'il est intelligent, détecte vite le simplisme, qui l'insupporte, de la pensée dominante. Mais il fatigue ou ennuie vite son entourage, souvent réduit au minimum, par l'uniformité de sa pensée, la rigidité de ses attitudes, ses ressassements, son asocialité, son pessimisme, son manque d'ouverture aux autres...

Voici des témoignages de quelques Capricornes ou à leur propos. Simone de Beauvoir (Capricorne) s'adressant à Jean-Paul Sartre (Gémeaux) : «Vous êtes très ouvert quand quelqu'un vient vous parler... Moi je suis chameau, j'ai toujours envie d'envoyer les gens balader...» Sergio Leone : «Ma nature est pessimiste. Chez John Ford (Verseau), on regarde par la fenêtre avec espoir. Moi, je montre quelqu'un qui a peur d'ouvrir la porte. Et s'il le fait, il reçoit une balle entre les deux yeux.» Le fils d'Adenauer sur son père : «Quand nous étions enfants, nous allions tout le temps en vacances au même endroit, à la même date. Dans le même hôtel, la même chambre, le même décor, pour faire les mêmes randonnées en montagne. Mon père avait besoin de retrouver toujours le même balcon, toujours le

même lit... » David Bowie évoquant sa jeunesse :
« Je n'étais pas sûr de moi, la présence des autres
me bloquait totalement. Je n'étais pas très exubé-
rant, pas très intéressant... Je n'osais pas aborder
les autres... Je regardais le courant depuis la rive... »
L'une de ses épouses, Barbara Hutton, à propos de
Cary Grant : « Quand je donnais un dîner et invitais
mes amis, il refusait de descendre à table parce qu'il
s'ennuyait trop. Il se faisait monter un plateau dans
sa chambre sous prétexte qu'il devait apprendre ses
répliques pour le tournage du lendemain... Quand il
descendait, il affectait de ne pas s'amuser et tout le
monde s'en rendait compte... »

* * *

L'astrologie considère le ciel de la naissance
comme un conditionnement particulier qu'elle justifie ainsi : tout se passe comme si, à la naissance, le
cerveau gardait l'empreinte des rythmes du système
solaire qui prévalaient à ce moment-là. Ces rythmes
prédisposent à des réflexes d'ouverture ou de fermeture au monde, à une réactivité lente ou rapide, à un
tempérament mobile ou non, souple ou non... Un
ciel natal est la représentation graphique du système
solaire au moment et à l'endroit exacts de la naissance. Son interprétation repose, d'une part, sur les
signes zodiacaux occupés – plus un signe zodiacal est
occupé, plus le rythme qui le caractérise prévaudra
chez l'individu concerné ; d'autre part, sur la posi-

tion du Soleil et des planètes par rapport aux axes du ciel natal. Leur lever, leur culmination et leur coucher sont considérés comme des facteurs de valorisation qui font des planètes concernées les outils privilégiés du mode de fonctionnement individuel.

Le temps nécessaire à chaque planète pour effectuer un tour complet autour du Soleil dépend de sa distance à cet astre. Plus elle en est proche, moins elle mettra de temps (c'est une évidence) ; plus elle en est éloignée, plus ce sera long. Le cycle de Mercure, la planète la plus proche, est de 88 jours, alors que celui de Pluton, aux confins du système, dure 248 années.

La Lune est un petit satellite de la Terre qui tourne donc autour d'elle et non du Soleil, ce qui n'exclut pas des relations fondamentales entre eux. Si la Lune et le Soleil produisent des effets visibles sur notre planète et ses habitants, on ne peut exclure que les autres planètes puissent, elles aussi, avoir une influence plus ou moins subtile, dans la mesure où le système solaire est un tout indissociable. Sait-on que la NASA évite toute opération dans l'espace sous certaines configurations planétaires qu'elle a repérées comme critiques ?

Une configuration est la projection sur la Terre de l'angle que forment entre elles les longitudes de deux planètes ou plus. Par exemple, la nouvelle lune équivaut à une conjonction entre Lune et Soleil, alors que la pleine lune correspond à leur opposition (ou angle de 180 degrés). Mais comme le cycle, d'environ 27 jours, de la Lune est très court, elle forme durant sa course – toujours vue de la Terre, bien sûr – tous les angles possibles imaginables non seulement avec le Soleil, mais avec chaque planète du système solaire. Les planètes et le Soleil autour duquel elles tournent sont interprétés de façon symbolique par l'astrologie moderne selon deux théories reposant sur la durée de leur cycle et sur leur distance au Soleil. La théorie des âges met en rapport la durée de chacun des cycles – planétaire et solaire – avec les caractéristiques et acquisitions de l'âge humain correspondant. Ainsi, le cycle de la Lune est d'environ un mois et, durant le premier mois de la vie, le nourrisson ne se différencie pas de son environnement, en particulier de sa mère, dont son équilibre et sa vie même dépendent totalement. Par extension, un individu né à une heure forte de la Lune a davantage besoin qu'un autre d'une bulle protectrice dont il ne se dissocie guère et de l'harmonie qui y règne et qu'il contribue à y faire régner. Il est prédisposé à se montrer fusionnel, dépendant, malléable, peu agressif, confiant, subjectif, rêveur, axé sur la satisfaction de ses besoins de confort domestique en général, alimentaire en particulier, ainsi qu'à être doté d'une forme de gentillesse qui détend l'atmosphère, par incapacité ou réticence à provoquer une fausse note entre son environnement immédiat et lui...

Le cycle de Saturne est de 29-30 ans et le demi-cycle de 14 ans et demi. Entre 14 et 30 ans, c'est l'âge adolescent avec ses besoins d'absolu, son insatisfaction, ses complexes, son sentiment de solitude. L'individu marqué par Saturne sera prédisposé à rester fixé au stade adolescent avec ses questionnements, ses doutes, son besoin de vérité, de structure, mais aussi sa maladresse, son asocialité, ses inhibitions...

La théorie RET considère quant à elle qu'il y a trois plans de vie. Celui des Représentations, symbolisé par les planètes les plus proches du Soleil, comme par le Soleil lui-même, se traduit en termes d'apparences, de langage, de premier degré, ainsi que de stimuli simples et de haut niveau de réactivité... Le plan de l'Existence, ensuite, symbolisé par les planètes (Mars, Jupiter, Saturne) dont la distance au Soleil est moyenne. Comme son nom l'indique, ce plan concerne le vécu, l'éprouvé, l'action, les faits, le réel concret, le terrain, le duel ou la dualité. La réactivité est moins forte qu'au plan précédent. Le plan de la Transcendance, enfin, est symbolisé par les planètes les plus éloignées du système solaire et de notre petite planète : comme son nom l'indique, il concerne la quête du sens, l'au-delà des apparences et des faits, les principes, les motivations profondes, la complexité, le pluriel ou la pluralité, et un niveau bas de réactivité. Dit autrement : ce dernier plan favorise la distanciation maximale, l'intérêt pour l'inconnu et les grandes causes dans tous les sens du terme, la contestation, mais aussi l'imperméabilité, la rébellion systématique et le besoin de compliquer inutilement les choses...

La théorie RET définit chaque symbole planétaire en fonction du plan où il prend sa source, mais aussi de celui vers lequel il tend. Par exemple, la formulation du Soleil – centre aussi visible qu'immuable du système portant son nom – est : « représentation de représentation ». Celle de Pluton, aux confins du système et dont le statut de planète est contesté : « transcendance de transcendance ». Sur un plan symbolique, ces deux corps célestes ont pour fonction le maintien de ce qu'ils symbolisent : maintien de l'ordre existant pour le Soleil, maintien de l'inconnu pour Pluton.

Ceci découlant de cela, l'individu né à une heure forte du Soleil – le Solaire – est porté à se soucier de son apparence, à attacher beaucoup, parfois trop, d'importance au regard que les autres lui renvoient de lui-même. Il aspire à être plus ou moins le centre unique de quelqu'un ou de quelque chose. À un niveau plus élevé, il tend à l'exemplarité, à la loyauté, au respect de l'ordre établi et des principes transmis par son éducation et par son environnement social. Il fait ce qu'on attend de lui (apparence, discours, action) mieux que quiconque. Mais comme la formulation du Soleil part d'un plan pour y rester, les plans de l'existence et de la transcendance risquent de faire défaut si aucune planète les symbolisant n'est valorisée dans le ciel natal. L'individu ainsi marqué peut donc manquer de la distance, du recul, du sens de la complexité inhérents au plan de la transcendance, ainsi que du pragmatisme, du sens des réalités concrètes, mais aussi de la sensibilité et de la sensorialité inhérents à celui de l'existence.

* * *

L'interprétation d'un ciel natal requiert une hié-
rarchisation correcte des signes zodiacaux et des
planètes prépondérants à la naissance, ainsi qu'une
bonne maîtrise des théories de l'astrologie moderne.
Au final, il faut synthétiser le tout, ce qui est loin d'être
facile. Mais il est essentiel de garder en tête que le ciel
natal n'est qu'un conditionnement parmi d'autres, en
interaction avec tous les autres. Voilà pourquoi une
bonne interprétation ne peut se permettre de sortir du
champ des prédispositions supposées, sur lesquelles
ce conditionnement si particulier informe sans rien
révéler de leur actualisation, autrement dit de la façon
– adaptée ou inadaptée – dont chaque individu est
ou sera susceptible de les vivre. Celle-ci reste en effet
tributaire de ses multiples autres conditionnements,
qui ne sont pas « inscrits » dans son ciel natal, lequel
informe sur le sujet, mais non sur son contexte, non
sur son histoire ou sa destinée, non plus que sur son
degré d'évolution, d'intelligence, de sensibilité... En
ce qui concerne l'intelligence, par exemple, il permet
juste d'avoir une idée de sa nature – concrète ou abstraite, vive ou lente, synthétique ou analytique, etc.
En résumé, si des individus ont un conditionnement
céleste analogue, il est bien évident que le plus évolué et le plus équilibré – ce qui ne va pas forcément
de pair ! – l'actualisera tout autrement que celui peu
équilibré et de bas niveau – ceci ne découlant pas forcément de cela !

* * *

On peut évidemment ne pas adhérer aux théories évoquées et ne pas croire à la réalité du conditionnement astrologique, d'autant qu'il implique le postulat de l'empreinte à la naissance des rythmes tant zodiacaux que planétaires du système solaire. Cependant, dès qu'il a acquis une partie suffisante des connaissances nécessaires dans ce domaine pour s'en faire un début d'idée correcte, l'observateur objectif constate souvent que l'apport des informations de l'astrologie moderne bien comprise, bien appliquée, n'est ni aléatoire ni aberrant. Encore une fois, elle est la seule qui tienne compte des réalités astrophysiques et en ait déduit des règles dont le respect évite en partie de dire n'importe quoi.

La porte reste cependant fermée à cette astrologie-là, la voix au chapitre n'étant accordée de temps à autre qu'à une astrologie irrationnelle, pratiquée par des « professionnels » superficiels et inconscients des bêtises qu'ils racontent, ce qui permet aux esprits « supérieurs » de continuer à se gausser d'une discipline qui les dépasse. Si quelqu'un s'intéresse à l'astrologie, l'intelligentsia, sourire narquois en coin, le catalogue aussitôt en son for intérieur comme pas très intelligent, crédule, superstitieux... Bien placée pour le savoir, j'ai toujours fait semblant de ne pas m'en apercevoir – que faire d'autre ? –, mais il n'est jamais agréable ni stimulant de devoir sans cesse affronter le non-dit rabaissant de ce genre de condescendance. C'est pourtant l'intelligentsia elle-même qui est à mettre en cause – ce que, sûre de détenir la vérité, elle est incapable de faire –, puisqu'elle se contente de préjugés, de clichés, d'*a priori*, et que son attitude ne fait que trahir l'étendue d'une ignorance dont elle n'a pas conscience et qui rend son appellation d' « intelligentsia » encore plus inadéquate et caricaturale qu'elle n'est déjà. Emmanuel Berl devait à Bergson la judicieuse remarque selon laquelle l'intelligence n'exclut pas la bêtise et qu'il y a des gens à la fois plus intelligents et plus bêtes que tout le monde. Quoi qu'il en soit, se prononcer sur un sujet qu'on n'a pas approfondi n'a jamais été un signe d'intelligence...

Non, je n'ai pas de boule de cristal ni ne scrute à longueur de temps le ciel armée d'une longue-vue, ou les éphémérides, qui donnent au jour le jour les positions du Soleil et de ses planètes, pour savoir ce que je dois faire, quand il vaut mieux ou non réaliser un projet, ou ce que je vais devenir. Il n'en reste pas moins que l'astrologie moderne est une grille de lecture intéressante que je consulte parfois pour être éclairée sur un comportement ou quand une rupture importante sur un plan ou un autre se produit dans la vie d'un proche ou d'une personne dont j'ai les coordonnées natales. On n'en finit pas de s'instruire, et la meilleure façon de progresser, dans le domaine astrologique comme ailleurs, est de confronter inlassablement les théories abstraites au vécu concret – le sien et celui des autres...

7

Impressions sur la mode et l'esthétique du début du XXIᵉ siècle

J'ai souvent été amenée à évoquer le sentiment de honte qui me handicape depuis toujours et que ni ma réussite ni ma notoriété relatives n'ont atténué, au contraire. Quoi de plus perturbant que d'être exposée aux regards curieux et parfois malveillants quand on n'a pas le minimum d'assurance requis pour les affronter sans appréhension ? Voilà pourquoi, aujourd'hui plus qu'hier et sans doute moins que demain, je ne me sens vraiment bien que seule chez moi, car le vieillissement a beau favoriser le recul, il n'arrange en rien ce genre de problème.

Traîné d'aussi loin que je me souvienne, mon boulet a fait qualifier de paradoxal mon choix d'une activité publique. Les choses sont toujours à la fois plus simples et plus compliquées qu'on ne croit, car, à seize ans, je ne voyais pas plus loin que le bout de mon nez et mon ambition impliquait simplement de composer et d'écrire des chansons dans mon coin, puis de les enregistrer avec une petite équipe dans le milieu clos et protégé d'un studio – ce à quoi je me suis finalement limitée. Surtout, je n'envisageais pas une seconde qu'une aspiration aussi chimérique se réalise jamais.

Au début des *sixties*, j'avais quand même pris mon courage à deux mains pour téléphoner aux quelques maisons de disques dont le numéro figurait dans l'annuaire et qui auditionnaient de jeunes inconnus. Besoin réellement paradoxal en l'occurrence, il me fallait le couperet d'un avis extérieur, professionnel, pour mieux tirer un trait définitif sur ce dont une partie de moi rêvait, l'autre partie en mesurant le côté utopiste qui me ferait tomber de haut s'il prenait le dessus. Je voulais juste être sûre et certaine de faire fausse route, sans imaginer que mes auditions déboucheraient sur quoi que ce soit de positif, encore moins que mon premier disque aurait un succès phénoménal, me propulsant subitement sur le devant de la scène et me permettant de vivre de ma passion toute ma vie.

À l'époque, le visage ingrat et le corps anguleux que la glace me renvoyait faisaient de moi une adolescente complexée. Brigitte Bardot, toute en grâce, courbes et *sex-appeal* incarnait alors les canons de la beauté féminine, dont j'étais désespérément éloignée. Comment me douter que mon androgynie plairait, malgré moi, aux grands couturiers des *sixties* et que nous serions plusieurs jeunes filles longilignes et sans rondeurs à contribuer à ce qu'elle devienne une mode ?

Dans l'enfance, on ne prête pas attention à un

physique que l'on n'est pas en mesure de juger. J'ai déjà eu l'occasion de dire que je croyais mes parents divorcés alors que ma mère avait été la maîtresse clandestine d'un homme marié et que dans une école de bonnes sœurs, une telle situation était la plus scandaleuse de toutes. Si mon anormalité sociale, dont j'avais une conscience floue bien qu'envahissante, me donnait envie de raser les murs, mon décalage sur tous les plans avec les filles de ma classe, issues de milieux plus favorisés, allait dans le même sens. Je voyais bien qu'elles avaient plus d'aisance, étaient mieux habillées, mieux chaussées, mieux coiffées que moi. Entichée d'un Autrichien, ma mère me nattait à l'autrichienne, ce qui me valait quatre nattes au lieu de deux et ajoutait à mon inconfort tant je trouvais ma coiffure ridicule. Je voyais bien aussi comme ma jupe et mon manteau étaient vilains, comparés à ceux des autres. De plus, il fallait y faire très attention, puisqu'il n'y en avait pas de rechange, et les user jusqu'à ce qu'ils deviennent importables.

Un détail porta à son paroxysme mon inconfort global. Pendant des vacances d'été, ma sœur me cassa une dent de devant d'un coup de pied malencontreux. Le naturel méfiant de ma mère la porterait toute sa vie à mettre en doute les conseils des gens bien intentionnés et compétents, et à accorder une confiance incompréhensible aux autres. Elle n'écouta pas son excellent dentiste de famille qui lui recommandait de ne toucher à rien et lui assurait que la pose d'une petite couronne à l'adolescence arrangerait tout. Elle préféra suivre l'avis d'un orthodontiste inconnu qui prétendit que si l'on arrachait le bout de dent restant le trou se comblerait tout seul en peu de temps. Mais le trou ne se combla jamais, et il fallut attendre des années avant que ma mère, réalisant enfin la souffrance que ma mâchoire édentée me causait, supplie mon père de payer le « bridge », bien trop cher pour elle, qui le ferait disparaître. Mon complexe diminua, mais je gardai l'impression que la petite « prothèse », pourtant très discrète et beaucoup moins inesthétique, se voyait autant que le trou.

* * *

Mon premier disque comportait quatre chansons, dont *Tous les garçons et les filles.* Il sortit à peu près en même temps que la revue *Salut les copains* de Daniel Filipacchi, jeune producteur et animateur de l'émission radiophonique du même nom dans laquelle il ne programmait que des chanteurs adolescents. L'un des premiers photographes à venir me chercher rue d'Aumale fut Jean-Marie Périer, qui travaillait pour Daniel. Je me souviens comme si c'était hier de mon appréhension en l'attendant. Je n'avais évidemment rien d'autre à me mettre qu'un vieux manteau râpé et me jugeais forcément inphotographiable. Aussi, quand Jean-Marie revint me montrer une sélection de très jolies photos, imputai-je ma surprenante mise en valeur sur le compte de son talent et non de ma photogénie, que je découvrirais peu à peu sans qu'elle me rassure vraiment.

Ma relation avec Jean-Marie relança malgré tout mes complexes, quand elle n'en créa pas de nouveaux, car il me bombarda de recommandations déstabilisantes. Entre autres, je ne devais au grand jamais porter de manches courtes. Il avait bien sûr raison puisque l'exposition de mes bras trop maigres et trop longs ne m'avantageait guère.

Quelques années plus tard, je pris l'initiative, audacieuse vu ma timidité, de rencontrer André Courrèges, le jeune couturier qui révolutionnait la mode. Le milieu de la mode m'effrayait, mais je me sentis tout de suite à l'aise avec lui. C'était un homme simple, gentil, discret, pas du tout mondain et qui ne correspondait en rien à l'image caricaturale véhiculée par les autres couturiers. Des décennies plus tard, alors que nous avions l'un comme l'autre beaucoup vieilli, je l'aperçus de dos, rue François-Ier où se trouvent sa boutique et la station radiophonique Europe 1. Je n'osai pas le rattraper pour le saluer, car une combinaison rose le ridiculisait des pieds à la tête, et je me demandai si sa notoriété mondiale n'avait pas fini par lui tourner la tête et lui faire perdre son solide bon sens paysan.

Quoi qu'il en soit, dans les *sixties*, je devins plus ou moins son égérie, sans d'ailleurs que ni lui ni moi n'ayons levé le petit doigt pour cela, grâce aux médias toujours partants pour me filmer ou me photographier dans ses tenues d'avant-garde et d'une élégance suprême qui seyaient miraculeusement à ma morphologie particulière. Quand je revois des documents de l'époque, je ne peux m'empêcher de me dire que les tenues que je portais alors auraient pu être créées aujourd'hui et dépasseraient de loin en bon goût et en innovation tout ce qui se fait actuellement et qui me semble si souvent catastrophique.

Quelques photos avec les créations, importables mais futuristes et d'une indéniable beauté, de Paco Rabanne achevèrent de me faire passer à l'étranger pour une représentante de ce que la mode française faisait de plus original. La personnalité de Paco Rabanne était tellement spéciale que je ne savais sur quel pied danser en sa présence et gardais une réserve prudente.

Je fis quelques incursions chez Yves Saint Laurent, dont Sylvie Vartan et surtout Catherine Deneuve étaient déjà les clientes attitrées les plus célèbres, mais je ne le croisai jamais, ce que je regrette aujourd'hui. Mes moyens de l'époque me le permettant, j'achetai quelques-uns de ses vêtements hors de prix, dont une robe-sac à larges bandes vertes et bleues, si informe, si laide et si enlaidissante que je me demande encore quelle mouche m'avait piquée pour que je jette ainsi mon argent par les fenêtres. J'acquis surtout son smoking pour femmes, à peu près en même temps que Sylvie. Sans nous concerter, elle et moi avions eu la même idée d'en faire une tenue de scène, suivant ainsi sans le savoir les traces de la grande Marlène Dietrich, dont nous n'avions jamais entendu parler tellement les médias étaient peu développés à l'époque – et notre inculture sans bornes. Les photos qui en restent me navrent quand je tombe dessus : le pantalon était trop court alors que, dans l'absolu, l'élégance commande que tout pantalon masque les talons en descendant le plus près possible du ras du sol sans le toucher. Le manque de sobriété du jabot de dentelle de la chemise chargeait par ailleurs cette tenue, finalement peu seyante et très éloignée des coupes et innovations parfaites – autrement dit plus sobres, plus dépouillées – auxquelles ce grand couturier nous aura habitués.

À partir de la naissance de mon fils, en 1973, le temps de m'intéresser à la mode me fit défaut. Comme tout bébé est salissant, je ne m'habillais plus qu'en jeans et T-shirt que je mettais à la machine chaque soir. Cela ne m'affecta en rien, car la mode ne me passionnait pas vraiment, je me sentais juste obligée d'y être attentive pour trouver des tenues de scène originales ainsi que quelques vêtements susceptibles d'accrocher les photographes, en particulier ceux de Grande-Bretagne, où je me produisais souvent. Ces derniers prêtaient en effet beaucoup plus d'attention à mon habillement qu'à mes chansons et obtenaient comme par magie que ma photo figure à la première page des quotidiens anglais les plus lus dès que ma garde-robe s'avérait suffisamment d'avant-garde. Mais j'arrêtai avec soulagement la scène en 1968 pour me focaliser davantage sur ma vie privée, ce qui, malgré sa possessivité et sa jalousie rentrées, inquiéta mon futur mari un peu trop soucieux de son indépendance. Comme je ne parvenais pas à tomber enceinte, les quelques années qui précédèrent la naissance de notre petit Tom furent accaparées par un parcours du combattant consistant à subir toutes sortes d'examens médicaux et suivre divers traitements pour que le plus grand espoir de ma vie personnelle se concrétise enfin.

* * *

Il me semble que c'est au début des années 2000 qu'une attachée de presse me contacta pour assister à un défilé Balenciaga. L'invitation était si gentille, si insistante aussi, que je m'y rendis, malgré l'épreuve que représente pour moi ce genre de manifestation où je me sens encore plus déplacée qu'ailleurs ! C'est ainsi que je rencontrai Nicolas Ghesquière, jeune homme très sympathique qui me caressa dans le sens du poil, sans que je mette en doute sa sincérité, quand il m'apprit qu'il appréciait mes chansons. Il vint chez moi un après-midi et nous papotâmes comme de vieilles connaissances. Il m'invita aussi à dîner au *Voltaire*, sa « cantine » de prédilection. Surtout, des pantalons et des vestes, invendables car portés par ses mannequins, atterrirent à plusieurs reprises chez moi, pour mon plus grand bonheur puisque j'utilise encore certains d'entre eux. En 2010, il me prêta un superbe blouson en cuir blanc pour la promotion télévisuelle de mon album *La Pluie sans parapluie*. Quelle ne fut pas ma surprise quand, une fois la promotion terminée, je réceptionnai le blouson blanc avec un blouson noir identique en prime – bien qu'ils soient un peu justes, j'en fis bon usage aussi.

Tous ces cadeaux m'incitaient à me sentir l'obligée de la maison Balenciaga et à continuer de me rendre aux défilés deux fois par an, malgré l'inconfort croissant que j'éprouvais à me sentir totalement étrangère à la faune qui assiste à ces manifestations. Mais la progression de l'âge et la détérioration de mon état de santé finirent par me faciliter le refus définitif de ce genre d'invitations. Une raison inavouable joua aussi un grand rôle dans ma résolution. Au fil du temps, je trouvais les nouveaux modèles de plus en plus improbables et importables ; or il m'a toujours été impossible de féliciter qui que ce soit pour quelque chose que je n'apprécie pas, ce qui rendait ma situation encore plus embarrassante qu'elle n'était déjà.

* * *

Faut-il incriminer la progression de la téléréalité, dont la vulgarité et la stupidité non seulement ne rebutent pas les spectateurs, mais en attirent un nombre croissant ? Ou bien sommes-nous dans le dilemme de l'œuf et de la poule et est-ce la décadence généralisée des sociétés occidentales qui serait responsable de l'irrésistible et accablante progression de l'abêtissement, de l'ignorance et du manque de goût à laquelle nous assistons ?

Si l'on déplore en permanence le pourcentage élevé

d'illettrés qui sortent de nos écoles, on semble moins choqué par les fautes grossières de français que commettent de plus en plus de gens. Ceux qui viennent d'un contexte peu porteur et y restent sont cependant plus excusables que ceux dont la profession implique une bonne maîtrise de la langue, par exemple ceux qui sont chargés des sous-titres des films ou des émissions de télévision, truffés de fautes d'orthographe et de non-sens choquants qui contribuent à rabaisser le niveau général.

À moins que l'on ne soit un vieux routier pratiquant au quotidien, parler en public est une situation stressante qui favorise et rend inévitables les petites maladresses et fautes que l'on entend toujours. Mais quand, dans son interview télévisée du 14 juillet 2013, François Hollande, sorti d'une grande école pourtant, nous assène une phrase telle que : « C'est quelque chose sur laquelle je me bats », on n'en croit pas ses oreilles. Elle comporte en effet deux fautes énormes que la grande majorité des gens sont, hélas, incapables de relever. La formulation correcte est en effet : « C'est quelque chose contre quoi je me bats. » On ne se bat pas « sur » quelque chose et, le mot « quelque chose » étant un pronom indéfini neutre, il ne s'accorde pas et doit forcément être suivi de « quoi » ou « à quoi », « pour quoi », « sur quoi », etc. et non de « à laquelle » ou « auquel », « pour laquelle » ou « pour lequel »... Accorder « quelque chose » est la faute de français la plus répandue depuis plusieurs années, toutes classes sociales confondues.

Lorsque l'on tombe sur la rediffusion de vieilles interviews télévisées de personnalités connues issues du peuple, on est frappé par la correction de leur français, tant et si bien que, de nos jours, il est devenu possible de repérer l'âge des gens au nombre et à la fréquence de leurs fautes de français. Par exemple, de nombreux journalistes et animateurs de la station radiophonique que j'écoute le plus souvent (il en va de même sur les autres) font beaucoup de fautes de français, et j'en déduis qu'ils doivent tous être assez jeunes, puisque désormais seuls les gens de ma génération, des générations antérieures ou immédiatement postérieures, s'expriment correctement. Nicolas Sarkozy (soixante ans fin janvier 2015) ne nous a pas habitués à un français châtié, mais, à ma connaissance, il n'est jamais descendu au niveau de François Hollande (soixante et un ans en août 2015) dans la phrase malencontreuse citée en exemple.

Depuis quelques années, si tout le monde accorde à tort le terme « quelque chose », plus personne n'accorde les participes. J'entends plusieurs fois par jour dire : une veste que j'ai « mis » au lieu de « mise », une expérience que j'ai « fait » au lieu de « faite », une phrase qu'il a « dit » au lieu de « dite », etc. Cela me navre autant que cela m'énerve. Et pourtant je n'ai pas fait d'études de français, et il arrivait à ma mère, qui n'était allée que jusqu'au brevet, de faire des fautes plus grosses qu'elle.

L'école a en effet bien changé. De mon temps, comme disent les vieilles gens, on en sortait en maîtrisant correctement sa langue natale, y compris quand on était un adepte de l'école buissonnière et qu'on ne lisait guère, comme Jacques Dutronc, qui fait peu de fautes. Et pourtant, « en ce temps-là », les classes pouvaient être nombreuses, alors qu'aujourd'hui non seulement le budget de l'Éducation nationale française est l'un des plus élevés d'Europe – seuls ceux de la Finlande, de la Suède et du Royaume-Uni le sont légèrement plus –, mais on réglemente le nombre d'élèves et on lui impute tout ce qui ne va pas dès qu'il est dépassé. Reconnaissons que jusqu'à maintenant la réduction du nombre d'élèves par classe et l'augmentation permanente du budget, qui n'empêche d'ailleurs pas que nos enseignants soient parmi les moins bien rémunérés de l'Union européenne, n'ont pas eu le moindre effet positif, au contraire, sur l'usage du français, qui laisse toujours plus à désirer, y compris chez ceux qui ont suivi de brillantes études. Les classes bourrées de cancres de mauvaise volonté qui tirent tous les autres élèves vers le bas, l'essor de la mauvaise télévision, d'Internet, des jeux vidéo, des portables, la pratique des SMS, à quoi on peut ajouter le manque d'attirance pour la littérature d'un certain niveau, tout cela a porté un coup fatal à l'efficacité scolaire dans l'enseignement de la langue française.

* * *

La faillite de l'orthographe et l'utilisation inappropriée de la langue ont-elles un rapport avec l'évolution déplorable de la mode, ou faut-il voir la source de ces deux attristants phénomènes dans la contamination des secteurs artistiques et culturels par le déclin d'un Occident où jamais le pire et le meilleur n'ont autant bénéficié de la même médiatisation louangeuse ? Depuis plusieurs années maintenant, certains grands couturiers, enfermés dans leur bulle au point de perdre toute mesure et, osons le dire, tout sens du beau, font n'importe quoi à force de devoir se renouveler trop souvent. Par exemple, à cause des modèles aberrants de chaussures qu'ils ont inlassablement introduits dans leurs collections, il est désormais impossible de trouver une paire de chaussures, de bottines ou de bottes élégantes, autrement dit fines, légères, souples et sobres. Les vitrines n'offrent plus à mon regard excédé que des modèles rigides, lourds, laids, inconfortables, quand ils n'évoquent pas carrément des chaussures orthopédiques ou des instruments de torture du Moyen Âge.

Pour grandir celles que leur petite taille dérange, il y a aussi les semelles compensées de plus en plus massives et hautes, ou les talons des escarpins sophistiqués, de plus en plus gigantesques, fins et pointus, pareils à des sortes d'échasses qui défient les lois de l'équilibre et requièrent les qualités d'acrobate d'un artiste de cirque. Ces horreurs esquintent à moyen terme non seulement les pieds, mais aussi le dos, puisqu'elles en provoquent ou en accentuent la lordose. On se heurte également aux fantaisies du pire mauvais goût qui, sur fond de couleurs improbables, rose, bleu ou vert pastel, affligent de dorures, clous, fleurettes et autres ornementations incongrues ce qui devrait mettre en valeur non seulement les pieds, mais toute la silhouette féminine. La propagation des baskets couronne le tout. Bien que propices au confort du pied – ce qui, avec leur prix, représente un indéniable atout –, leur mélange de couleurs vulgaires est une insulte supplémentaire au bon goût, tout comme leur design qui ne cesse de s'alourdir, de se « compacter » – à l'image des carrosseries toujours plus inélégantes de nombreuses voitures. Si tant est qu'ils se soucient ne serait-ce qu'un peu de considérations esthétiques, concepteurs et clients ont manifestement oublié que, sans harmonie, il n'y a ni la beauté ni l'élégance qui en est indissociable, puisqu'elles ont déserté les domaines où elles devraient être une priorité absolue.

Les magazines féminins publient à chacune de leur parution des pages de photos de mode dont on retire l'étrange impression d'une surenchère du ridicule et de la vulgarité des tenues présentées, y compris celles signées par les grands couturiers de tous horizons.

Au printemps 2014, plusieurs revues ont publié des photos de quelques nouvelles créations de Nicolas Ghesquière pour Louis Vuitton. Qu'il me pardonne, mais comment comprendre que ce créateur surdoué et capable du meilleur sacrifie ainsi au pire ? En témoigne ce mélange d'une sorte de matière cirée – vinyle ou cuir – et de coton matelassé dont est confectionné un long gilet informe sans manches qui s'évase en trapèze sur les hanches, alourdissant d'autant plus la silhouette que les couleurs en sont criardes et mal assorties, le tout sur un haut non moins inélégant et montant jusqu'au cou. Autre modèle aussi démoralisant : une jupe orange, luisante et rigide, arrivant à mi-cuisse et s'évasant en trapèze elle aussi, ce qui est foncièrement disgracieux. Quoi de plus laid que deux jambes rendues bien plus fluettes qu'elles ne sont parce qu'elles sortent d'une forme trapézoïdale trop large ? «Tout est ad-mi-rââ-ble !» commente une presse dithyrambique qui rapporte que Charlotte Gainsbourg, Chiara Mastroianni et Catherine Deneuve auraient applaudi le défilé à tout rompre. Espérons que ces prestigieuses artistes jouaient le jeu par affection admirative pour Nicolas Ghesquière, ou que les autres modèles, boudés par les photographes, étaient plus inspirés et ne faisaient pas de la femme l'épouvantail exhibé par les magazines !

Miraculeusement, de temps à autre, chez Armani par exemple, on découvre encore des perles d'une beauté éblouissante qui forcent l'admiration et que seule la haute couture est capable de produire. Si seulement elles pouvaient être moins rares et ne pas évoquer les vestiges d'un monde disparu !

* * *

En pleine effervescence grâce aux médias et à l'intérêt croissant du public, le domaine de la restauration semble échapper, au moins en partie, à la décadence générale, mais les professionnels n'en seraient peut-être pas d'accord. Il est vrai que nous assistons parallèlement à la multiplication de bouis-bouis où les règles élémentaires de l'hygiène ne sont pas respectées et où la cuisine est aussi mauvaise que dangereuse, sans que la peu difficile clientèle en ait assez conscience. Il n'en reste pas moins que les émissions culinaires réjouissent la vue autant que les papilles, tellement les efforts des débutants et des jeunes chefs pour égaler leurs aînés sont exceptionnels. Il y a vraiment de quoi être impressionné par leur travail pour rendre un plat aussi réussi esthétiquement que gustativement grâce à une recherche de plus en plus raffinée dans la présentation des mets, avec, entre autres, un assortiment inventif des couleurs, grâce aussi à la créativité dont ils font preuve dans les mariages inattendus des aliments, ainsi qu'à leur sélectivité exigeante, en particulier sur le plan de l'origine de tous les produits, viandes, légumes, fruits, fromages, etc. Tout cela montre à quel point les cuisiniers d'aujourd'hui sont des artistes de grand talent et de bon goût.

Mention spéciale au brillant et attachant Jamie Oliver, un jeune chef britannique qui met l'eau à la bouche des téléspectateurs en confectionnant à la vitesse grand V des repas qui sont une explosion de couleurs, avec d'appétissants mélanges de légumes et de salades variés et avec l'usage intensif des herbes aromatiques qu'offrent les marchés occidentaux. Non content de s'occuper de son restaurant, ainsi que d'animer une émission de télévision où son énergie et sa joie de vivre galvanisent tout le monde,

Jamie s'est assigné la mission d'éduquer les responsables des cantines scolaires de Grande-Bretagne et des États-Unis, pays où l'on se borne à donner aux enfants une nourriture industrielle faite de nuggets, pizzas, frites et autres fritures, et où les enfants, qui ne connaissent rien d'autre, sont incapables de dire le nom des légumes les plus courants. Cette difficile mission s'avère souvent *a priori* impossible tellement elle se heurte à l'hostilité butée des cuisinières et responsables scolaires, convaincus de bien faire, tellement aussi les enfants sont incapables d'apprécier autre chose que ce dont on les gave quotidiennement, façon la plus sûre et la plus rapide d'en faire de futurs obèses condamnés au diabète et aux troubles cardiovasculaires précoces ainsi qu'à une mort prématurée. Jamie Oliver est un battant si motivé, enthousiaste, charmant, sa détermination, sa ténacité et son pouvoir de conviction sont tels qu'il arrive pourtant à vaincre les préjugés en faisant prendre conscience de l'importance vitale d'une alimentation correcte.

* * *

Mais en dehors des restaurateurs en pointe, qui savent que ce que l'on offre aux yeux peut déclencher le désir plus encore que l'appétit ou le besoin, personne n'a l'air de se rendre compte, encore moins de se désoler de la laideur qui nous submerge : laideur des créations de toute nature – les vêtements, les chaussures, le maquillage, la coiffure, l'architecture, la décoration, les voitures. À propos de coiffures, celles exhibées par les joueurs de foot du Mondial 2014 ont atteint le summum du grotesque et fait ressembler à des phénomènes de foire ceux qui n'avaient pas hésité à se faire raser le crâne pour ne garder qu'une sorte de houppe hallucinante, comparable à la crête du coq qu'ils sont peut-être psychologiquement. Il est vrai qu'on se voit rarement tel qu'on est et tel que les autres vous voient en se gardant de vous le montrer. Le chef-d'œuvre méconnu de Woody Allen, *Une autre femme*, traite non pas du bon et du mauvais goût, mais de l'image de soi. C'est ainsi que, à la faveur de circonstances fortuites, une femme découvre peu à peu que l'image qu'elle s'était faite d'elle-même reposait en totalité sur celle que lui renvoyaient ses proches, alors qu'en réalité ces derniers ont d'elle une image peu flatteuse, à l'opposé de celle que les conventions, la facilité, la routine, la charité chrétienne ou l'affection les ont amenés à lui donner.

Dominée par une fabrication *cheap* et interchangeable, la pop music n'échappe pas à la médiocrité générale… Comme toujours, quelques jeunes artistes originaux émergent pourtant, que je ne connais hélas pas tous. Avec ses tenues aussi provocatrices qu'incongrues, ses perruques et ses maquillages outranciers qui lui font cent visages différents sans dévoiler le sien, avec sa musique trop dans l'air du temps, Lady Gaga n'avait rien pour m'intéresser jusqu'à ce qu'elle enregistre un album de duos avec Tony Bennett. Son interprétation de grands standards de jazz y est magistrale et signe un éclectisme et surtout un talent musical hors du commun. Sujette à la dépression, cette jeune femme met par ailleurs à profit son immense popularité internationale pour tenter d'ouvrir avec beaucoup de gentillesse les esprits trop réactionnaires et d'aider concrètement ceux qui en souffrent, les homosexuels entre autres. Mais c'est un autre sujet, et chacun sait que de nombreux artistes – en majorité américains – du monde du cinéma et de la musique s'impliquent sans compter dans des causes humanitaires. Ils sont des relais de lumière qui éclairent et réchauffent la planète là où il fait sombre et froid.

* * *

L'abondante production actuelle dans tous les domaines est si souvent plus pauvre que riche qu'y chercher les rares pépites qu'elle recèle est mission impossible, à tout âge et plus encore au mien ! J'avoue humblement des lacunes considérables qui faussent sans doute en partie mon jugement sur ce qui m'apparaît, au moins en surface, comme une décourageante épidémie de laideur et de vulgarité qui nous tire vers le bas. Certaines créations dérangeantes aujourd'hui susciteront demain l'admiration qu'elles méritent peut-être. Quoi qu'il en soit, nous bénéficions en France, mais aussi ailleurs, d'un patrimoine exceptionnel. Rien n'apaise et ne régénère davantage que la beauté, celle de la nature, celle d'une âme, celle aussi des divers chefs-d'œuvre artistiques de l'histoire de l'humanité qui nous touchent personnellement. Quel bonheur d'avoir accès aux splendeurs architecturales, littéraires, picturales, musicales et autres d'un passé où l'on prenait le temps et où l'on ne cherchait pas à se singulariser à n'importe quel prix !

8

La spiritualité

Trinh Xuan Thuan, astrophysicien de renommée internationale, me fut présenté par Jeanne, une grande et belle femme blonde de mes connaissances, dont il était tombé amoureux. À la fin de sa scolarité, lorsque la situation politique devint trop dangereuse dans son pays d'origine, le Vietnam, en particulier à Saigon où il résidait avec sa famille, celle-ci l'envoya poursuivre des études en Europe, car son intelligence exceptionnelle et les résultats brillants qu'il avait déjà obtenus à l'école française de sa ville ne pouvaient en rester là. C'est en Suisse, à l'école polytechnique de Lausanne où il atterrit d'abord, que sa vocation se révéla. Par la suite, alors qu'une partie de sa famille avait fui la guerre pour s'exiler à Paris, il s'établit aux États-Unis, où il avait obtenu une bourse pour étudier l'astrophysique au California Institute of Technology (Caltech), puis à l'université de Princeton, et se fit naturaliser américain. Professeur d'astronomie à l'université de Virginie, c'est dans cet État qu'entre deux voyages vit désormais ce scientifique de très haut niveau réclamé de toutes parts.

Thuan est un homme réservé, modeste, modéré, qui me plut d'emblée, car il a une belle âme qui transparaît dans son regard pur, dans son comportement et dans tout ce que sa personne irradie. Durant sa relation avec Jeanne, il résida plus souvent à Paris et je les invitai régulièrement tous deux à dîner dans un restaurant vietnamien du XVe arrondissement dont il appréciait la cuisine merveilleusement raffinée.

Ancienne Indochine, le Vietnam a été une colonie française jusqu'en 1954 et une petite partie de la population est restée francophone, tout au moins francophile, si bien qu'au temps de l'adolescence de Thuan mes chansons étaient diffusées là-bas. Comme il les avait aimées et qu'elles lui rappelaient les jours heureux à Saigon parmi les siens, je pris l'habitude de lui envoyer chacun de mes nouveaux albums. De son côté, bien que depuis plusieurs années nous n'ayons plus l'occasion de dîner ensemble, il continue de m'envoyer ses remarquables ouvrages de vulgarisation sur l'univers tel que les découvertes de l'astrophysique permettent de le percevoir actuellement.

C'est dans l'un d'eux que je découvris ces lignes qui me frappèrent tout en confirmant mon intuition profonde à ce sujet. Elles parlent d'elles-mêmes, tout au moins donnent à réfléchir : « L'univers est réglé avec une extrême précision. Il faut un peu plus d'une dizaine de nombres pour le décrire : celui de la force de gravitation, de la vitesse de la lumière, celui qui dicte la taille des atomes, leur masse, la charge des électrons, etc. Or il suffirait que l'un de ces nombres soit différent pour que tout l'univers, et nous par conséquent, n'existe pas... Des milliers d'autres combinaisons étaient possibles. Les physiciens les recréent en laboratoire, mais aucune n'aboutit à la vie. Ce concours de circonstances est trop extraordinaire pour que le hasard en soit seul responsable. »

J'ai lu récemment une interview de Richard Dawkins, un chercheur britannique en biologie, spécialiste de l'évolution et célèbre dans le monde entier. Il y confie qu'il ne ressent pas le besoin de trouver un sens à l'univers. Grand bien lui fasse ! Vaut-il mieux ou non se poser ce genre de question ? Je l'ignore, et cet éminent biologiste aussi, sans doute.

Avoir des interrogations métaphysiques, être plus porté à croire que l'univers en général, notre existence en particulier, auraient un sens, sans pour autant être en mesure de préciser lequel, relève moins de l'intelligence que de la personnalité globale. Les personnalités chez lesquelles la fonction « sensation » ou la fonction « pensée » mènent le jeu seront *a priori* portées à ne pas se soucier du sens de l'existence ou à rejeter la possibilité qu'il y en ait un, alors que les personnalités sentimentales ou intuitives, plus subjectives, intériorisées et irrationnelles, seront davantage susceptibles de se poser ce genre de question comme de s'intéresser aux diverses réponses religieuses et spirituelles qui y ont été données.

L'explication sommaire et surtout primaire avec

laquelle de nombreux intellectuels occidentaux commentent leur position résolument athée porte à leur insu l'empreinte judéo-chrétienne qui influence si fortement encore une bonne partie de la pensée dominante occidentale. De brillants philosophes, écrivains, journalistes, pamphlétaires, scientifiques et autres, qui s'opposent entre eux sur tant de points, se mettent comme par miracle à parler d'une même voix quand ils justifient leur athéisme, sans se rendre compte du simplisme dont ils font preuve à cette occasion.

À l'instar de n'importe quel individu moins cultivé, ils décrètent *grosso modo* qu'ils ne peuvent croire en un Dieu qui permet la mort des enfants et tant d'autres atrocités, tant d'autres souffrances. Même le subtil et jamais catégorique Georges Brassens avouait ne pouvoir adhérer à l'idée d'un Créateur à qui l'on devrait ce monde cruel où les animaux n'ont pas d'autre recours que tuer pour se défendre et se nourrir. Ces remarques d'un indéniable premier degré se fondent sur le présupposé que Dieu serait responsable de tous nos problèmes, plus généralement de tout ce qui va mal sur terre.

Ce présupposé ne date pas d'hier, puisque c'est l'Ancien Testament qui pose un rapport parental entre la figure paternelle suprême que serait un Dieu anthropomorphique, omnipotent, omniscient, sévère, autoritaire, et ses créatures, assimilables à ses enfants, éprouvant à son égard un respect mêlé de crainte et lui manifestant une obéissance proche de la soumission. Bien que fondées, les exigences divines sont souvent excessives et le châtiment en cas de faute est terrible. Les notions – puériles elles aussi – d'enfer et de paradis l'illustrent. Le Nouveau Testament rapporte quant à lui que Jésus invoquait toujours Dieu comme son père – « Mon Père, mon Père, pourquoi m'as-tu abandonné ? » Quant au monde catholique, il continue d'appeler le pape, représentant de Dieu sur terre, le Saint-Père.

Les gens de ma génération, et de celles qui lui sont immédiatement postérieures, élevés majoritairement dans la religion catholique, ont été habitués à recourir à Dieu et à la Vierge Marie, mère de son soi-disant fils, avec les prières dictées par ce dernier à ses disciples. Le mot « prière » est synonyme de « demande », et nous prions en effet pour demander l'amélioration de notre existence, en particulier pour la disparition du ou des problèmes qui l'assombrissent. « Notre Père qui êtes aux cieux », « Donnez-nous aujourd'hui notre pain quotidien », « Pardonnez-nous nos offenses », « Délivrez-nous du mal », « Sainte Marie, priez pour nous pauvres pécheurs, maintenant et à l'heure de notre mort »... Même ceux qui se sont détachés de la religion de leur enfance en gardent des bribes à leur insu, et se surprennent à se souvenir de ces suppliques et à les réciter tout bas avec ferveur dès qu'une épreuve pire que les autres les frappe.

Il est néanmoins surprenant que des savants ou des philosophes et autres éminents représentants de l'intelligentsia ne mettent pas en question l'image dont ils restent inconsciemment prisonniers d'une sorte de vieillard barbu tout-puissant à qui il incomberait de protéger ses enfants, de les « délivrer du mal ». Cette idée archaïque déresponsabilise en partie les êtres humains, qui ont presque toujours une part de responsabilité dans leurs malheurs, directement ou indirectement, individuellement ou collectivement. Il ne semble pourtant ni aberrant ni compliqué d'imaginer que, si le concept de « Dieu » correspond à une réalité, sa nature soit fondamentalement différente de celle des êtres humains. C'est l'homme qui a créé Dieu à son image, et non l'inverse comme l'assurent les textes chrétiens. L'islam va d'ailleurs plus loin en interdisant toute représentation de Dieu, mais tombe dans les mêmes travers que le christianisme en Lui imputant des attitudes typiquement humaines.

La différence fondamentale de nature entre le divin et l'humain repose sur l'évidence à laquelle on ne pense pas assez que Dieu ne pourrait être que d'essence spirituelle immatérielle, là où l'homme est obligatoirement matière et esprit. Mais l'esprit humain est tellement prisonnier de la matière – de sa matière corporelle comme de celle qui constitue son environnement – qu'il a tendance à s'y identifier.

Par définition, l'incarnation a lieu dans un monde physique aux lois incontournables. Entre autres, la matière est de nature temporelle et périssable : quoi qu'il arrive et quelle que soit la durée de sa forme, celle-ci a un commencement, se développe, puis s'use et se détériore jusqu'à ce qu'elle disparaisse en mutant, ou en mourant quand elle a été dotée de vie. Pour les athées, cette mort anéantit autant le corps matériel que l'esprit qui l'animait. En général, ils préfèrent remplacer le terme prêtant à confusion d'« esprit » par ceux d'« intelligence » ou de « mental », là où les non-athées utilisent indifféremment les mots « esprit » ou « âme ». Pour les personnes réceptives à l'idée d'une autre dimension, la fin matérielle, autrement dit la mort physique, ne serait que celle du corps dans lequel l'esprit était enfermé, qui s'en verrait ainsi libéré pour rejoindre le monde aussi mystérieux qu'hypothétique d'où nous viendrions et où la matière n'existerait pas.

Bien que cela risque de braquer définitivement les scientifiques, il n'est pas inconcevable que le cerveau ne soit que le support matériel de l'esprit. C'est ce qu'affirment les bouddhistes. Une telle assertion peut être jugée absurde, mais, dans la mesure où nous n'en avons ni la preuve ni celle du contraire, et où nous n'aurons la réponse à l'énigme du sens ou du non-sens de la vie qu'une fois morts, pourquoi ne pas simplement se poser la question et laisser le champ ouvert à tous les possibles – celui du néant comme celui d'un au-delà où l'esprit aurait une vie dont les modalités nous sont inaccessibles ?

On ne pense pas assez non plus à la différence entre l'inconnu et l'inconnaissable. Elle est essentielle. Quand l'être humain est apparu, il y a quelque quatre millions d'années, l'univers dans lequel il atterrissait lui était inconnu. Depuis, il y a eu de tels progrès dans toutes les branches du savoir qu'une grande partie du monde a livré ses secrets : entre autres, ceux de ses origines, de sa constitution, des lois qui le régissent, ainsi que du mode de fonctionnement des organismes animés de vie – qu'ils soient de nature végétale, animale ou humaine. Malgré l'immensité du travail des chercheurs depuis des siècles, il reste encore beaucoup à découvrir dans le domaine de l'inconnaissable, et nous savons que les grandes théories scientifiques qui ouvraient des horizons extraordinaires et *a priori* définitifs au moment de leur édification ont fini par être complétées ou supplantées par des théories encore plus complexes. Il est probable qu'à moyen ou long terme le voile se lèvera peu à peu sur ce qui demeure inconnu.

À l'inverse, le monde de l'inconnaissable ne nous ouvrira pas ses portes de notre vivant. Nous ne pouvons ni savoir ni *a fortiori* affirmer que Dieu existe ou qu'il n'existe pas, d'autant moins que l'idée que s'en font les êtres humains diffère d'un individu à l'autre en fonction de son niveau de culture et d'évolution – sur le plan spirituel surtout. De plus, quelle que soit cette idée, elle est forcément très éloignée de la réalité du divin, tant l'inconnaissable dépasse les possibilités d'un intellect incapable de le concevoir.

Lorsque les astrophysiciens émettent l'avis que dans le vaste cosmos il y a fort à parier qu'existent plusieurs planètes comparables à la nôtre, avec des formes de vie analogues ou différentes, ils n'affirment rien, ils supposent seulement et restent dans une prudente expectative. Que ne pouvons-nous en faire autant en ce qui concerne l'existence d'un au-delà et d'un principe créateur d'où l'univers entier serait issu ? La sagesse d'une telle attitude nous rendrait un tout petit peu plus réceptifs à des possibilités que nous ne sommes pas en mesure d'appréhender avec notre intellect limité par tant de conditionnements divers, non plus qu'avec nos cinq petits sens dont plusieurs – la vue, l'ouïe, l'odorat – ont un développement très supérieur chez certains animaux, en général mille fois plus instinctifs que les humains et capables d'exploits impensables pour eux.

Par les belles nuits d'été, lorsque nous admirons l'immense voûte étoilée dont les astrophysiciens nous assurent qu'elle est finie mais qui nous donne malgré tout une idée de l'infini et nous renvoie à notre petitesse, que n'en tirons-nous une humilité permanente qui nous garderait des assertions péremptoires dans des domaines dont nous sommes et resterons d'une ignorance totale ! Elle permettrait aux uns de suivre moins aveuglément une vision religieuse archaïque et bornée, aux autres de s'ouvrir davantage aux théories qu'ils ont vite fait de cataloguer comme trop irrationnelles pour avoir un minimum de crédibilité. Elles ont beau être irrationnelles de prime abord, certaines d'entre elles sont susceptibles de nous interpeller et d'élargir notre horizon.

* * *

Dès que je pus acheter des livres, ceux qui traitaient de « spiritualité » m'attirèrent tel un aimant. Comme dans tous les domaines, le pire et le meilleur s'y côtoient, avec une nette prédominance du pire. Ces livres sont écrits soit par une personnalité considérée, à tort ou à raison, comme un « sage » ou un « gourou », soit par l'un de ses disciples. En général, on y trouve une vision métaphysique spécifique du monde ainsi que des conseils quant à la réflexion et au travail sur soi à mener pour tendre vers un accomplissement en conformité avec les croyances de l'auteur et son enseignement.

Dans les *sixties*, l'Occident s'ouvrait davantage aux philosophies et religions orientales, et la mode était aux guides spirituels d'origine asiatique. Je fis d'abord une fixation sur Krishnamurti que je ne m'explique pas aujourd'hui. Le contenu de chacun de ses livres parus en France m'hypnotisa quelque temps, sans m'éclairer pour autant. Mon faible niveau tant intellectuel que spirituel ne me permettait pas d'accéder aux hauteurs dont Krishnamurti ne daignait pas descendre. Peu à peu, je réalisai que cet homme dont l'apparence désincarnée aurait alerté un observateur sagace, rabâchait ses vérités abstraites sans se mettre à la portée de ceux qui étaient venus l'écouter dans l'espoir de bénéficier de ses lumières. Il me rappelait ma mère qui m'agaçait prodigieusement quand elle proclamait que, si elle avait été capable de ci ou ça, tout le monde devait l'être aussi.

En tombant récemment sur des réflexions de Krishnamurti, leur hermétisme, qui aurait dû m'amuser, m'exaspéra, sans que j'aie mon réflexe habituel de mettre en cause mes propres lacunes. En voici un aperçu – éventuellement éclairant pour certains, mais toujours pas pour moi ! « Si la vérité est radicalement différente de la réalité concrète, alors quelle place tient l'action dans la vie quotidienne par rapport au vrai et au réel ? Est-il possible de dire que la vérité agit sur le réel ? Autrement dit, bien que la réalité puisse être sans effet sur la vérité, la vérité, elle, a un certain effet sur le réel… Il faut être affranchi de tout préjugé, entre autres choses. Un esprit qui est libre voit. Voir et agir ne font alors plus qu'un. L'énergie n'est autre que la perception du faux. »

* * *

Malgré les exhortations réitérées de mon ami Gabriel Yared[1], qui produirait cinq de mes albums, *Musique saoule* entre autres, et en composerait les plus belles mélodies dont Michel Jonasz, aussi concerné que lui par la spiritualité, écrirait les textes, je ne réussis pas à m'immerger, si peu que ce soit, dans *La Vie divine* de Sri Aurobindo, ouvrage de référence qu'il me recommandait. La densité et la complexité des quatre volumes qu'elle comporte étaient au-dessus de mes moyens intellectuels – mais je n'ai pas dit mon dernier mot puisque je viens d'en lire les cinquante premières pages avec intérêt. Parallèlement à son enseignement spirituel, dans la continuité de celui des grands mys-

---

1. Gabriel Yared : musicien, mélodiste, compositeur de musique de films, producteur de musique. Il a eu l'Oscar pour la musique du *Patient anglais*.

tiques hindous, Aurobindo n'hésita pas à recourir à la violence quand son activisme pour l'indépendance de l'Inde l'exigeait. Ayant fait ses études en Grande-Bretagne, il insista toute sa vie sur la complémentarité entre l'Orient et l'Occident, ainsi que sur la nécessité pour l'accomplissement de soi d'intégrer le meilleur de leurs cultures respectives.

Il donna d'ailleurs l'exemple de la richesse potentielle d'une telle synthèse en vivant et travaillant pendant une trentaine d'années avec une femme venue de France, allant jusqu'à affirmer qu'elle et lui ne formaient qu'une seule et même conscience. Les écrits de « Mère », surnom donné par leurs disciples communs à la compagne d'Aurobindo et sous lequel elle passa à la postérité, me bloquèrent eux aussi. Surtout, sa croyance en l'immortalité du corps me heurtait. Elle la croyait possible grâce à des pratiques spirituelles intensives, susceptibles de provoquer une mutation cellulaire. À l'âge de quatre-vingt-quinze ans, Mère dut malgré tout se résigner à mourir comme tout le monde.

Décédé vingt-cinq ans plus tôt, Sri Aurobindo lui avait transmis sa conviction que la mort physique n'est qu'une habitude et que la progression de l'élévation du degré de conscience de l'être humain finirait par provoquer des modifications de sa programmation ADN – et donc de son génome – qui, entre autres, le condamne à mourir. Il consacra une partie de sa vie à cette quête – dont il fit l'expérience sur lui-même en pratiquant une sorte de « supra-yoga intégral » qui l'amena à plusieurs reprises à l'« illumination ». « Les causes matérielles, physiques de la mort ne sont pas sa seule ou sa vraie cause ; sa raison la plus profonde est une nécessité spirituelle, pour l'évolution d'un être nouveau », a-t-il écrit dans *La Vie divine*.

Aurobindo ne mettait pas en question la réalité de la matière, là où les bouddhistes, en se plaçant sous l'angle de la nature ultime des choses, dénient toute réalité autre que relative à celle-ci et à ses manifestations telles que les phénomènes, le « Moi », etc. Cette vision, aussi difficile à comprendre qu'à admettre pour l'esprit occidental, le devient davantage encore à propos de la réincarnation. Pour le bouddhisme, il ne s'agit pas des renaissances successives d'un même ego qui reviendrait après la mort sous une forme différente ; chaque individu étant dénué d'existence propre, seul subsisterait son apport à l'évolution du courant de conscience spécifique dont il est issu, qui se réincarnerait ensuite dans une nouvelle forme pour continuer de progresser. Autrement dit, les bouddhistes nient la réalité ultime de l'ego et reconnaissent uniquement l'existence de divers courants immatériels de conscience, nourris par l'évolution résultant des expériences des individus successifs qui représentent l'un de ces courants.

Là où le bouddhisme réfute toute possibilité d'un Dieu ou d'un principe créateurs, Aurobindo croit en une Conscience suprême unique dont procède le multiple. Il pense par ailleurs que, comme dans toute croyance, il y a à la fois du faux et une part de vrai dans la vision athée du matérialiste axé sur la matière ainsi que dans celle de l'ascète qui croit en Dieu et décrète la matière illusoire. Pour lui, les deux pôles existent bel et bien.

Si les livres de ce grand maître spirituel sur sa conception des possibilités humaines et sur la voie à suivre pour les développer étaient trop subtils pour un tempérament aussi immature, inculte et basique que le mien dans les années soixante-dix, le résumé qu'en fit Satprem [1], un disciple français, dans *L'Aventure de la conscience* me parut lumineux. Je lus cet ouvrage avec passion et en transcrivis de nombreux passages dans mon ordinateur. « Aider les autres n'est pas un problème de sentiments ou de charité, mais de pouvoir », y trouve-t-on. Ou bien : « Si nous sommes pleins du bruit de nos désirs et de nos craintes, que pouvons-nous voir vraiment, hormis l'image répétée de nos désirs et de nos craintes ? » La remarque selon laquelle « il existe une corrélation rigoureuse entre notre état intérieur et les circonstances extérieures » renvoie aux théories de la psychanalyse et de la psychologie occidentales. La façon dont Aurobindo concevait la maladie va dans le même sens : « La maladie n'est pas le virus mais la force qui se sert du virus et si nous sommes clairs, tous les virus du monde n'y peuvent rien, parce que notre force intérieure est plus grande que cette force-là ou, mieux, parce que notre être vibre d'une intensité trop haute pour cette basse intensité. Seul le semblable peut entrer dans le semblable. On

---

1. Satprem, *Sri Aurobindo ou l'Aventure de la conscience*, Buchet-Chastel, 1970.

peut éliminer le cancer mais pas les forces de la maladie qui utiliseront un autre agent, un autre virus, une fois que leur intermédiaire le plus courant aura été dépisté. » Et quand il assure : « L'erreur et la superstition commencent quand on dit que seul Mahomet est vrai ou seul Jésus ou seule la poésie... La vérité réconciliatrice serait de voir que toutes ces formes procèdent d'une même lumière divine à des degrés différents... Bouddha exprime le Néant transcendant, et il ne voit que le néant. Le Christ exprime la charité aimante et il ne voit que la Charité, et ainsi de suite... Pourtant, si haute que soit chacune de ces vérités, elle n'est qu'une vérité parmi d'autres », je trouve clairement exposée la conviction qui est la mienne depuis l'adolescence. Aussi loin que je me souvienne, j'ai toujours pensé en effet qu'aucune religion n'a la moindre suprématie sur les autres. Toutes ont une part, une part seulement, de vérité, qui les rend complémentaires. Pratiquées au plus haut niveau, non seulement elles se complètent, mais se rejoignent, aussi différentes soient-elles.

Encore une fois, les aberrations auxquelles chaque religion conduit sont d'abord dues aux scripteurs conditionnés idéologiquement, intellectuellement, sociologiquement, par l'époque antédiluvienne à laquelle ils ont rédigé ou traduit les textes fondateurs dits « sacrés ». Ne revenons pas sur les tragiques dévoiements d'adeptes limités par une ignorance qu'aujourd'hui comme hier les gens de pouvoir s'emploient à entretenir.

La pensée d'Aurobindo à propos de la nature fragmentaire des diverses croyances établit par ailleurs la différence de fond entre la religion, qui exclut, divise, et porte en elle les germes du fanatisme et de la violence d'une part, et, d'autre part, la spiritualité, qui, parce qu'elle englobe les divisions en les dépassant, est une source possible de rassemblement et d'apaisement...

*   *   *

Les grands esprits se rencontrent, les petits aussi, hélas. On en revient toujours au niveau spirituel de chacun. Les esprits spirituellement évolués savent qu'être de telle ou telle religion relève d'un conditionnement socioculturel spécifique ou d'affinités personnelles particulières. Au-delà des différences de forme, ces esprits-là ont la même éthique, le même recul, le même universalisme éclairés. Que l'on songe au dalaï-lama qui, à chaque Occidental venu lui exprimer son désir de se convertir au bouddhisme, a fait valoir que sa religion d'origine était aussi bonne qu'une autre et qu'il valait mieux qu'il s'efforce de la mettre davantage en pratique dans sa vie de tous les jours. Cela n'a pas empêché cet homme aussi sage que malicieux de prendre un Occidental, Matthieu Ricard[1], comme bras droit.

Je me rappelle avoir traîné Thomas, qui sortait à

---

1. À lire : Matthieu Ricard, Trinh Xuan Thuan, *L'Infini dans la paume de la main*, Nil Éditions, 2000.

peine de l'adolescence, à une conférence donnée par Trinh Xuan Thuan et Matthieu Ricard à la Faculté de médecine. Il dissimula si peu l'ennui mortel que lui inspirait alors le bouddhisme tibétain que ma contrariété m'empêcha d'écouter quoi que ce soit et me gâcha le plaisir que j'attendais de ces moments. Malgré quelques relations communes, je n'ai pas eu l'occasion de faire la connaissance de Matthieu Ricard et n'en ressens pas le besoin. La lecture de ses livres me suffit. Ils ont d'ailleurs fini par m'ennuyer, car leur auteur n'a pu éviter le piège de la prolificité et de la répétitivité qui lui est inhérente. Je ne partage pas sa conception du bonheur, un terme passe-partout que l'on met à trop de sauces, et l'idée d'adhérer au bouddhisme ne m'a jamais effleurée. Si l'intelligence de la vision bouddhiste du monde m'impressionne, elle est souvent trop abstraite, complexe, difficile à suivre, malgré mes efforts réitérés pour la comprendre tout à fait. Je me sens dépassée autant que heurtée par le concept de la réalité éphémère de tout : univers, matière, ego, lois physiques, etc., qui s'oppose à celui de « réalité ou nature ultime ». Surtout, je ne peux renoncer à mon intuition d'un Principe créateur, même si elle a été probablement conditionnée par mon éducation catholique. Quant à la méditation prônée par les Orientaux et dont les médias comme les médecins nous vantent régulièrement les bienfaits, je n'ai aucune envie de passer un temps considérable à tenter inutilement de me vider l'esprit pour atteindre certains états. Cela me rappelle d'ailleurs l'assertion ironique de je ne sais plus quel sage oriental selon laquelle c'est beaucoup demander que d'avoir de la viande sans os, du thé sans feuilles et un esprit sans pensées. Depuis une quinzaine d'années, j'ai pu me promener davantage dans la nature, ce qui m'immerge aussitôt dans la beauté d'un paysage, d'un jardin, d'une fleur, d'un arbre... Ayant vite constaté que cette immersion aussi totale que spontanée déconnectait totalement mon intellect de ce qui l'agite et le trouble en permanence, je me demande si ce n'est pas là une forme de méditation.

Pour en revenir à Matthieu Ricard, il faut savoir que, après des années d'une quête spirituelle assidue qui l'avait amené à rencontrer de grands Maîtres et à recevoir l'enseignement de certains d'entre eux, il était allé si loin dans l'approfondissement de la métaphysique bouddhiste, pour laquelle il avait aussi appris la langue tibétaine, que son rôle auprès du dalaï s'imposait de lui-même, d'autant que son érudition, sa polyvalence, son cosmopolitisme, s'avéraient précieux pour un leader religieux resté longtemps confiné dans son Tibet natal puis dans son lieu d'exil.

* * *

Les diverses approches et démarches spirituelles abondent, et plusieurs valent le détour. Deux d'entre elles me marquèrent plus particulièrement.

Il y a environ une vingtaine d'années de cela, Gabriel Yared m'offrit son exemplaire des *Dialogues avec l'Ange*[1]. Par la suite, j'achetai souvent ce livre pour l'offrir à chacune de mes relations susceptible de s'y intéresser.

L'action se situe en Hongrie, de 1943 à 1944, dans une école de filles dont s'occupent trois amies : Lily et Hannah, d'origine juive, ainsi que Gitta, qui, en ces années d'hécatombe, allait être l'unique survivante du trio. Le point de départ du livre a de quoi inciter toute personne trop rationnelle à ne pas aller plus loin, puisque Hannah change subitement de voix et s'adresse à ses deux amies en ces termes : « Attention, ce n'est plus moi qui parle. » On y croit ou non, mais c'est ainsi que, grâce aux facultés médiumniques d'Hannah, révélées à cette occasion aux autres et à elle-même, commencent des échanges extraordinaires avec trois entités qui se présentent comme certains des anges avec lesquels la Bible nous a familiarisés. Chacun d'eux est dévolu à l'une des trois amies, afin d'apporter les réponses les mieux adaptées aux questions qui les tracassent respectivement et de les aider à élucider et surmonter telle ou telle fragilité personnelle. Hannah et Gitta prirent l'habitude de transcrire les communications dès qu'elles s'achevaient, pour mieux en respecter le mot à mot.

Au début des *seventies*, mes obligations professionnelles nous amenèrent à Rio, mon amie brésilienne et moi. Originaire de cette ville, Léna me connaissait assez pour savoir que ma difficile relation avec mon

---

1. Gitta Mallasz, *Dialogues avec l'Ange*, Aubier, 1990.

futur mari me rendait très malheureuse et que je n'arrivais pas à m'intéresser à autre chose. Elle me proposa de rencontrer un médium brésilien en me prévenant qu'il ne me dirait pas forcément ce que j'espérais entendre. Une fois à quelques kilomètres de Rio, dans un lieu surréaliste, en présence de Léna qui me servait d'interprète, je vis avec stupéfaction une quinquagénaire entrer en transe jusqu'à ce que je ne sais quelle entité prenne littéralement possession d'elle, au point que son apparence et sa voix changèrent du tout au tout. D'après Léna, l'entité s'appelait « grand-mère Catherine » et avait vécu quelques siècles auparavant, comme en témoignait le vieux dialecte brésilien utilisé par le médium sous emprise, et que Léna avait parfois du mal à comprendre.

En une cinquantaine d'années, il m'est arrivé de consulter quelques « voyantes » d'apparence aussi sympathique que fiable, pour réaliser par la suite que rien de ce qu'elles m'avaient annoncé n'était arrivé. À l'inverse, dans cette sorte de crypte du bout du monde où, manifestement, l'esprit de « grand-mère Catherine » s'était emparé du corps et de l'esprit d'une femme entre deux âges, ce que Léna réussit à me traduire s'avéra rigoureusement exact. Cette expérience déconcertante me rendit sans doute réceptive à la capacité de rares personnes à se laisser habiter par une entité non incarnée X ou Y et à en transmettre la vision et les prévisions.

Que l'on rejette ou non ce genre de possibilité, les *Dialogues avec l'Ange* offrent des pages édifiantes.

Par exemple, quand Lily se reproche de ne pas avoir trouvé le temps de prier, son « Ange » lui fait valoir que la prière est l'aile des « sans-ailes » et que son travail auprès de ses élèves constitue la meilleure prière qui soit, parce qu'elle l'accomplit avec autant de sérieux et d'intégrité que d'amour.

Plusieurs passages mériteraient d'être cités. En voici quelques extraits, à contre-courant de la pensée chrétienne la plus répandue : « Ne te charge pas de beaucoup. Ta tâche est le peu. Le peu est difficile. Ce qui est beaucoup est dilué. Il y a beaucoup d'hommes dilués. Le peu est plus proche de LUI. » « Aussi longtemps que tu ressens un manque, c'est que tu veux recevoir. » « Ce n'est pas la violence qui détruit les murs, mais le mensonge. » « Les forces divines transmises plus longtemps que nécessaire deviennent destructrices. La responsabilité en incombe à ceux qui ont sur-nourri l'autre, certes avec bonne volonté, mais par charité aveugle. Ce qui était bon hier peut devenir nocif demain. Dans le "trop longtemps" se cache un grand danger. » « Le Trompeur se délecte des bonnes intentions d'âmes possédées par le complexe du sauveur. C'est le complexe le plus coriace et il est rare qu'on veuille s'en défaire. »

Lily, Hannah et son mari Joseph furent déportés et moururent dans les pires conditions, mais si le souvenir vivifiant des communications n'empêcha ni la terreur, ni la souffrance, ni le désespoir, il leur donna la force d'aider ceux et celles qui subissaient le même martyre à leur côté. Sans le livre que Gitta publia une vingtaine d'années plus tard, après avoir enfin réussi à sortir de la Hongrie communiste, nous n'aurions pas connaissance de l'héroïsme de Lily et Hannah, ni des précieux messages à portée universelle qui font des *Dialogues avec l'Ange* un texte que l'on peut qualifier de transcendant.

* * *

Malgré la forte empreinte judéo-chrétienne du médium Hannah et de l'époque comme de l'endroit où ils ont eu lieu, les *Dialogues avec l'Ange* méritent qu'on s'y arrête. Mais, s'ils s'avèrent en partie éclairants, l'implacabilité et surtout l'hermétisme et l'ambiguïté de certains passages peuvent déranger. C'est moins le cas avec les communications d'Omnia Pastor, que leur clarté rend plus accessibles.

Pour les musulmans de haut niveau, Mahomet était juste le canal par lequel le Coran fut dicté, tout comme des siècles plus tard Hannah aura été celui des Anges pour transmettre un message à portée universelle. De même, à la suite de circonstances apparemment dues au hasard, c'est une jeune femme, G., qui a été le canal d'un « Maître[1] » non incarné pour communiquer avec des mots différents un message à peu près analogue dont l'objectif était aussi d'éclairer les êtres humains en quête d'éveil et de progrès spirituels.

---

1. Un « Initié » et un « Maître » seraient des « Êtres de lumière », non incarnés, comme Pastor ou les Anges des *Dialogues*. Dans la terminologie pastorienne, le degré d'évolution du Maître est supérieur à celui de l'Initié.

Dans sa jeunesse, G. ne croyait pas à la médium-
nité, ne s'intéressait pas à la spiritualité et ne se desti-
nait à rien qui y ressemble de près ou de loin. Quand
elle finit par accepter la mission à laquelle d'autres
qu'elle – ici-bas et « là-haut » – souhaitaient la desti-
ner, elle prit le surnom d'Omnia, tandis que le Maître
s'exprimant par son intermédiaire optait pour celui
de Pastor. Les communications eurent lieu de 1985 à
1994 en Suisse, où vivait la personne qui avait détecté
le don de G., à son corps défendant, et l'avait prise
en charge, bouleversant ainsi de fond en comble son
existence. L'auditoire restreint qui assistait aux transmissions préparait pour chaque séance un thème d'intérêt général, afin que Pastor apporte ses lumières sur
les questions de fond qu'il soulevait.

L'un des premiers sujets abordés le fut sous la forme
suivante : « Comment se fait-il que la Conscience cosmique n'intervienne pas avant que des personnes, des
groupes commettent trop de dégâts sur la Terre ? » Pastor donna plusieurs explications, dont l'inconscience
puérile des hommes sur la réalité de Dieu et celle de
la vie. Ni Dieu ni les relais entre l'homme et Dieu que
sont les Anges, mais aussi les Initiés ou les Maîtres non
incarnés tels que Pastor, n'ont le pouvoir d'intervenir
dans le cours de la vie d'un être humain, car celui-ci
doit conquérir par lui-même son propre « bien ». Un
corps lui a été donné en fonction de l'évolution qu'il a
à accomplir, mais il en fait ce qu'il veut et, selon ce qu'il
en fait, il est « sanctifié » ou « détruit ».

Pastor relève que, en reprochant à Dieu de ne pas

assez protéger ses enfants du « mal », les hommes aspirent au fond à un système de protection parfait qui, s'il était faisable, empêcherait toute évolution. Non sans ironie, il remarque en passant que si un Initié arrivait sur terre pour dire aux hommes ce qu'ils doivent faire afin de s'« élever » et de se mettre en partie à l'abri de ce qu'ils redoutent, non seulement ils rejetteraient dans leur grande majorité le « Sauveur » qui se présenterait en tant que tel, mais ils seraient incapables de suivre ses recommandations. Pensons au sort de Jésus et à ce qui a été fait de son message d'amour ! Aujourd'hui, ce serait non la crucifixion, mais l'hôpital psychiatrique qui attendrait le nouveau Guide. Cela n'implique pas qu'il n'y en ait plus, au contraire, mais ceux qui sont envoyés sur terre œuvrent désormais dans l'ombre.

« Sitôt que vous appelez un Maître pour vous protéger, précise Pastor, sachez qu'en même temps vous appelez un juge. Car quand l'homme se met dans une certaine situation, c'est parce qu'il a fait ou parce qu'il n'a pas fait certaines choses. Le Maître est aussi l'Instructeur et il va mettre l'homme qui fait appel à lui face à ses manquements et à sa part de responsabilité dans ce qui lui arrive. »

Pastor explique que la Terre est une école difficile mais neutre – ni bonne ni mauvaise – qui nous initie aux Lois de la Vie. Si celui qui « se contente de taper sur des casseroles se croit musical », libre à lui, ironise-t-il à nouveau, mais celui qui veut vraiment faire de la musique sait bien qu'il lui faut en apprendre, assimiler et respecter les principes et les règles. La vie, conclut-il, c'est la même chose, et elle est le meilleur Maître de l'homme.

Le but de l'existence serait donc l'apprentissage que dispense l'école de vie qu'est notre planète pour que l'âme incarnée évolue en fonction de ses besoins et de ses manques. Au fond, la clé de tout serait l'évolution. Depuis mes premières lectures de textes de spiritualité, à l'adolescence, c'était déjà ma conviction. Mes épreuves les plus importantes, dont j'ai beaucoup appris, ayant surtout été affectives, il me semble qu'évoluer sur le plan des sentiments aura été la raison majeure de mon actuelle incarnation. Les plans dont j'ignore tout restent cependant innombrables ! Peut-être est-ce dû à la lassitude de fin de vie, mais la perspective de tant d'apprentissages à venir me décourage et m'effraie, même si les retours sur terre que nécessiterait l'insuffisance considérable de mon évolution me permettraient peut-être de retrouver la délicieuse odeur du pain chaud devant les boulangeries, comme de humer, contempler à nouveau les fleurs et tant des belles choses qui font d'une partie de notre planète un relatif et néanmoins indéniable paradis.

* * *

Pour la plupart des thèmes abordés par Omnia Pastor, les réponses sont si lumineuses qu'on aimerait les faire connaître toutes[1]. On peut être choqué par la priorité absolue donnée au discernement et par l'assertion selon laquelle il importe davantage de travailler sur le discernement que sur l'amour, car, si ce dernier en est dénué, il n'est pas vrai. Il suffit pourtant de penser à tous ces gens qui, persuadés d'aimer leurs enfants ou leur conjoint, en font le malheur en les empêchant d'exister à cause d'une jalousie, d'une possessivité excessives ou d'une forme détournée et infantilisante d'abnégation, ou encore d'une subjectivité, d'un égocentrisme qui empêchent de se mettre à la place de l'autre et de l'aider à bon escient...

La très jolie phrase de Saint-Exupéry selon laquelle on ne voit bien qu'avec le cœur, l'essentiel étant invisible pour les yeux, suscite l'adhésion générale. En même temps, qui n'a pas constaté à quel point le cœur peut être aveugle et sourd, à quel point il est susceptible de gâcher la vie des autres tout comme de celui qui lui obéit alors qu'une névrose X ou Y obscurcit son jugement ?

* * *

Sur le plan relationnel, Pastor enseigne qu'avant d'espérer convaincre quelqu'un de la valeur d'une

---

1. J'ai eu accès à des cassettes, il y a une vingtaine d'années, et ai transcrit puis entré dans mon ordinateur une partie des messages enregistrés. Mais elles sont difficiles à trouver et le support « cassettes » a disparu. Encore une fois, rien de ce que diffuse Internet n'y ressemble de près ou de loin.

vision, d'une croyance, d'une idée, il vaut mieux savoir le situer, dans la mesure où celui qui habite à la cave ou au rez-de-chaussée est incapable d'imaginer la vue qu'on a du sixième étage, même si on la lui explique en long et en large. L'enseignement de Krishnamurti, abstrait, complexe, décalé au point de passer à côté de son objectif, en est un exemple flagrant. Plus banalement, on observe si souvent l'ampleur de l'incompréhension et de la déformation de nos propos par nos interlocuteurs que l'on est frappé par l'évidence de ce conseil, bien qu'il ne soit pas facile de savoir à qui on a affaire vraiment ni à quoi s'en tenir sur ce que l'on peut ou non échanger avec qui que ce soit, y compris un proche. De la même façon, il nous arrive bien plus souvent que nous ne croyons de dénaturer les propos de personnes plus avancées que nous, auxquels, si clairs qu'ils aient été, nous n'avons pas compris grand-chose tout en étant persuadés du contraire !

Parmi les multiples éclairages apportés par Pastor, l'un des plus intéressants concerne la traduction des disparités entre les niveaux d'évolution en termes de différence d'intensité vibratoire – basse chez l'individu moyen, trop élevée pour le genre humain chez les Maîtres, si élevée au niveau suprême que représenterait Dieu qu'elle serait aussi inconcevable qu'insoutenable ici-bas. Dans certaines cultures anciennes disparues et oubliées qui en savaient long sur le pouvoir des sons, on désignait Dieu par « l'Innommable », le seul énoncé de son nom s'avérant foudroyant. La lumière de Dieu, explique Pastor, désintègre tout, ce pour quoi les Maîtres ou Initiés, et les Anges s'avèrent des relais nécessaires. Ils joueraient en quelque sorte un rôle de transformateur chargé de rendre moins inaccessible un courant électrique trop puissant.

Bien qu'il ne soit pas novateur en la matière, Pastor évoque très souvent le couple indissociable énergie-conscience. Tout est énergie dans le cosmos, et l'énergie est conscience de même que la conscience est énergie. La matière est de l'énergie concentrée, densifiée, et nous avons une petite idée de l'énergie phénoménale qui s'en dégage lorsque ses atomes sont désintégrés par une bombe « atomique ».

Dieu serait la Conscience suprême, qui irait de pair avec l'énergie phénoménale, inimaginable à l'échelle humaine, dont son seul nom cosmique serait déjà chargé. Les relais que sont les Maîtres ne peuvent faire bénéficier si peu que ce soit les hommes de leurs énergies, parce que, n'étant pas aptes à les recevoir, ceux-ci seraient détruits par elles. L'idée, déjà exprimée par Aurobindo, est ainsi à nouveau introduite de la nécessité, en spiritualité, d'élever autant qu'on le peut son niveau de conscience, non pour bénéficier de ce que des entités désincarnées pourraient alors vous apporter, mais pour évoluer et contribuer ainsi, à sa façon et avec ses moyens – même modestes –, à un meilleur monde, plus harmonieux, plus équilibré.

Les scientifiques ne se priveront pas du plaisir de dénoncer l'absurdité des termes techniques employés, alors qu'il importe de garder en tête que les mots du médium restent tributaires des limites de son vocabulaire et de sa culture. Ceux qui perçoivent correctement l'esprit du contenu de ce genre de communication se doivent d'aller au-delà de la maladresse, voire des inexactitudes de sa formulation. Ignorant tout des sciences physiques, j'ai tendance – plus encore qu'Omnia ! – à mettre allégrement dans le même panier vibrations, énergie, électricité, intensité ou fréquence de ces forces, avec l'impression confuse d'un lien ou d'une analogie entre elles.

* * *

Le niveau vibratoire d'un individu n'est pas fonction de celui de son intelligence. Matthieu Ricard en avait été frappé quand, dans sa jeunesse, il approchait les plus éminents chercheurs d'alors : être doté d'une intelligence exceptionnelle n'exclut pas le manque d'éthique, ni les comportements préjudiciables aux autres en général, à ses proches en particulier.

Le taux vibratoire d'un être correspondrait à sa qualité globale – capacité de tempérance, de compassion, de sagesse authentiques. « Il n'y a pas de châtiment divin, de punition divine, explique Pastor, ce que vous percevez ainsi n'est rien d'autre que la résultante de vos actes ou de vos pensées négatifs générant des énergies négatives qui reviennent vous frapper à la façon d'un boomerang. » On pense au karma, que Pastor définit comme la loi de cause à effet : tu plantes ceci, il pousse ceci... Tu envoies des énergies négatives, celles-ci te reviennent… Ce karma est individuel, mais aussi – on l'oublie trop – collectif.

* * *

Plus un être humain s'efforce d'être en accord avec les Lois de la Vie et de l'harmonie cosmique, plus sa fréquence vibratoire s'élève. Le but de l'incarnation consisterait à aller du matériel, du grossier, vers davantage de subtilité, l'important n'étant pas l'échec apparent des efforts allant dans ce sens, mais les efforts eux-mêmes. « Peu importe que la branche casse au moment où vous pensez la saisir… Seuls comptent les pas que vous aurez faits pour venir à elle », disait l'écriture automatique de Marcelle de Jouvenel sous la dictée supposée de son fils, décédé en 1946 à l'âge de quatorze ans[1].

Croire ou ne pas croire en Dieu, pratiquer ou non une religion, est secondaire. Il suffit d'observer comme, une fois sortis de leur lieu de culte, tant de fidèles se montrent égoïstes, hypocrites, despotiques, violents, malhonnêtes et intolérants !

* * *

Selon la logique de Pastor transmise par Omnia, on peut supposer que, plus une musique est belle, plus elle revêt un caractère sacré et plus son degré vibra-

---

1. Marcelle de Jouvenel, *Au diapason du ciel,* 1978, et *Comme un secret, comme une flamme,* 1989, Éditions Lanore.

toire est élevé. Un compositeur doit être du même niveau ou réussir à s'y hisser provisoirement pour se connecter au courant d'énergie supra-humaine d'où vient une telle inspiration. Cela implique, bien sûr, assez de compétence, mais aussi de génie, pour transcrire musicalement ce type de captation.

On est médium parce qu'on est à même – sans savoir comment – d'augmenter sa fréquence vibratoire pour que le courant circule entre soi et une entité désincarnée qui abaisse parallèlement sa propre fréquence, chacun des deux étant limité par des seuils impossibles à franchir. L'effort du médium ne peut durer trop longtemps ni se répéter trop souvent, car il représente une mise en danger physique et psychique, et dans tous les cas une épreuve épuisante.

Serait-ce là l'une des raisons pour lesquelles certains compositeurs devinrent fous, comme Schumann, moururent prématurément, comme Mozart et Schubert, ou accomplirent une œuvre très inégale ? Serait-ce une façon de comprendre que leurs grands interprètes (chefs d'orchestre, musiciens, solistes) soient tellement déroutants, tellement hors normes, et que certains entrent visiblement en transe dès qu'ils jouent ? Ceux que j'ai approchés m'ont paru beaucoup plus différents du commun des mortels que les rockers, dont l'extravagance, loin de m'attirer, me rebute...

Les amateurs de musique apprécient forcément celles qui correspondent à leurs affinités personnelles et à leur niveau d'évolution – qu'elles révèlent à leur insu. Beaucoup de musiques triviales actuelles trahissent le manque de culture et surtout d'éveil spirituel de leurs auteurs, de leurs interprètes et de leur public. De nombreux amateurs y trouvent un plaisir primaire qu'ils ont besoin de renouveler de plus en plus souvent avec d'autres musiques triviales soi-disant inédites qui ne sont que des resucées illusoires de celles qui les ont précédées. Personne ne risque d'être transcendé par de telles musiques qui alimentent et entretiennent un bas niveau, à moins qu'elles ne finissent par provoquer une lassitude qui amène à se mettre en quête d'autre chose.

* * *

Les apparences étant trompeuses, seul un instinct sûr repère une « belle âme ». Reposant sur l'harmonie, une belle âme et toute forme de beauté vraie provoquent un sentiment de paix, et ressemblent à une bouffée de cet oxygène que l'on respire en haut d'une montagne. Les personnes dotées d'une belle âme dégagent à leur insu quelque chose de « lumineux » et leurs vibrations devraient être plus subtiles que celles du commun des mortels. Elles ne courent pas les rues, mais se trouvent dans n'importe quel milieu. À l'inverse, d'autres personnes dégagent quelque chose d'indisposant, dont les raisons profondes sont diverses et n'ont rien à voir avec leur physique. Aucune d'elles ne rayonne de la moindre bonté, n'irradie la moindre chaleur, la moindre lumière... Si l'on pouvait en mesurer les vibrations, ne seraient-elles pas grossières ?

* * *

Au long de ses neuf années de communications, Pastor a donné des informations et conseils divers, des plus complexes aux plus simples. Parmi ces derniers, il assure qu'il est seulement demandé de faire de son mieux là où l'on se trouve, que la première chose requise en spiritualité est d'être « vrai » et d'essayer de penser par soi-même, autrement dit de ne pas « gober » les propos *a priori* édifiants entendus ou lus, y compris ceux que transmettait Omnia... Il insiste sur la nécessité de se délester peu à peu de ses désirs les plus vains... Il conseille aussi de ne pas « s'entêter à sauver ceux qui se perdent ou se noient, le simple fait de cesser de s'en occuper et de s'en préoccuper s'avérant parfois efficace quand tout le reste a échoué ». La spiritualité bien comprise implique de la dignité, du discernement, de la bonne volonté, du mouvement, mais rien de spectaculaire comme le martyre ou l'héroïsme, quand bien même tel est parfois le passage obligé de quelques-uns...

Pastor ne s'exprime pas en termes de « bien » et de « mal ». Il utilise ceux, plus appropriés, de « ténèbres » et de « lumière », ou d'« ignorance » et de « connaissance ». Parmi les propos plus complexes ou d'apparence plus irrationnelle qu'il tient, il y a ceux selon lesquels un Plan aurait été conçu pour l'humanité dès son origine. Rappelons que les Maîtres n'ont pas le droit ni la possibilité d'agir de quelque façon que ce soit pour secourir un individu en souffrance, à cause du danger que constitue leur fréquence vibratoire trop élevée, et surtout parce que l'assistance paralyse et qu'il est impératif que chacun avance par lui-même. Ils apportent quand même une aide indirecte, en favorisant, pour qui y est prêt, des rencontres ou des situations susceptibles de faire progresser. Les Maîtres enverraient également des énergies spécifiques en des lieux, des points précis de notre planète, afin de favoriser l'évolution générale. Mais, nous apprend Pastor, « si un désastre menaçait le Plan pour l'humanité, tout serait stoppé d'une façon qui resterait imperceptible pour la plupart d'entre vous ».

Il y aurait encore beaucoup à rapporter des transmissions lumineuses de ce Maître. Il assure cependant que tout ce qu'il y a à apprendre, comprendre, intégrer, se trouve déjà dans de nombreux textes, dont la Bible, et qu'il suffirait de les lire ou relire plus attentivement et à un niveau plus symbolique.

* * *

Peut-être qu'un jour la physique et la métaphysique convergeront davantage ? *L'Infini dans la paume de la main* est un livre difficile mais passionnant où Trinh Xuan Thuan, astrophysicien, et Matthieu Ricard, bouddhiste de haut niveau, confrontent leur vision du monde : la vision scientifique, telle que la permettent les dernières avancées de la science, et la vision bouddhiste, telle qu'elle a été édifiée au IVe siècle avant Jésus-Christ par Siddhartha Gautama et explicitée depuis. Il est stupéfiant de constater qu'elles se rejoignent plus souvent qu'elles ne s'opposent. Quand bien même Trinh Xuan Thuan reste attaché à l'idée d'un principe créateur, réfutée par le bouddhisme qui nie toute notion de début et de fin, les découvertes de la mécanique quantique accréditent les grandes théories bouddhistes d'interdépendance et d'impermanence d'où découle la vérité relative des phénomènes, lesquels sont dénués d'existence objective propre...

Bien qu'en partie incompréhensibles pour le tout-venant, les lignes suivantes[1] du physicien américain David Bohm (1917-1992) vont dans le même sens et donnent une sorte d'intuition de la spiritualité : « Ce que nous savons désormais, c'est que les particules élémentaires n'obéissent que partiellement aux lois de notre espace-temps. Toute une partie de leur comportement semble régie par des lois d'un autre ordre. »

Début janvier-octobre 2014.

---

1. *La Danse de l'Esprit*, Séveyrat, 1989.

Table

Achevé d'imprimer sur Roto-Page
par l'Imprimerie Floch à Mayenne
en mars 2015.
Dépôt légal : février 2015.
Numéro d'imprimeur : 88239.

ISBN 978-2-84990-396-4 / Imprimé en France.